日本発！ 世界No.1ベンチャー

この国を元気にする起業家精神

venture

早川　和宏

三和書籍

はじめに　世界でいちばん大切にしたい会社

フリー百科辞典「ウィキペディア」によれば、ベンチャーとは「ベンチャー企業、ベンチャービジネスの略であり、新技術や高度な知識を軸に、大企業では実施しにくい創造的・革新的な経営を展開する中小企業を指す」とある。

英語のもともとの意味は「冒険」「危険な冒険的事業」のことである。

長年、ジャーナリズムの世界で仕事をしてきて、経済ばかりでなく、あらゆる分野の取材を続けてきた。振り返れば、その道もベンチャーそのもの。個人的にも、ベンチャーには親近感がある。

本書に掲載されている十二社は、私がビジネス情報誌『エルネオス』（エルネオス出版社）で連載している「早川和宏のベンチャー発掘」で紹介した企業である。

これまで「ベンチャー発掘」については、何度か「本にしないんですか」と聞かれたことがあり、実際に「本にしたい」という話もあった。その度に躊躇したのは、単なるベンチャー本にはしたくなかったことと、なかなか統一したテーマ・キーワードが見つからなかったためである。

今回、あらためて一冊の本にするのは、日本が3・11東日本大震災そして福島原発事故に見舞われる中で、思うところあってのことだ。つまり「ベンチャー発掘」で紹介した企業は、単なる特許企業でも、ベンチャー大賞その他の受賞企業でもなく、実はいろんな意味で「世界No.1」というテーマ・キーワードに相応しいと気がついて、ようやく納得できたわけである。

その十二社は、いずれも私が縁あって出会ったものであり、大げさに言えば、私にとっての「世界でいちばん大切にしたい会社」でもある。

世界一はすごい、楽しい、夢がある、でもちょっと辛い？

二〇一一年という年は、世界にとっても日本にとっても、いろんな意味でエポックとなる年である。

かつて世界一の経済大国・アメリカを飲み込む勢いで恐れられた日本経済は、バブル崩壊後の十年、さらには二十年と、未曾有のデフレ経済に陥り、とうとう世界第二の経済大国の座を、近年、日本の生産基地・工場代わりにしてきた中国に明け渡した。そして、欧米諸国が深刻な経済危機に瀕して喘ぐ様は「日本病」と言われている。

ちょっと前まで、盛んにアニメをはじめ日本文化が「クールジャパン」と言われ、工業製品分野でも「ジャパンクオリティ」が持てはやされたのが、嘘のような状況である。

そんな日本を襲った3・11東日本大震災・福島原発事故は、皮肉にも経済的にも下り坂を転げ落ちるばかりと見えた日本の、しかも東日本が日本ばかりか世界経済の重要な供給基地であったことを、世界に知らしめた。

その事実は日本の真の経済力の磐石さを象徴するものである一方、激動する世界経済に翻弄され未曾有の円高に襲われると、日本を代表する企業が率先して空洞化のお先棒を担ぐ。自分の都合を考えれば、選択肢はそれしかないというわけだが、困難に直面した際に、まずは国を捨てようという企業経営者が多い中、犠牲となり苦しんでいるのが地方であり、同時に頑張っているのも地方であり日本の中小企業であることを意味している。

彼らは出て行きたくても、故郷を捨てるわけにはいかず、第一出ていけるだけの体力・経済的余裕がない。その結果、日本の中で、世界を視野に入れて、足らない部分を努力と工夫、要は想像力および創造力によって補い、夢と信念に生きることを余儀なくされる。それが多くのベンチャー企業の現実である。

その意味でも、彼らは日本の大企業が本来やるべきことの、一歩も二歩も先を見据えて、大企業ができない「世界一」を手にするわけである。そこに価値があるのだが、なかなか理解が得られないまま、資金力や既得権益、常識の壁などの現実を前に、冒険に満ちた危険な事業という厳しい道を行く。

自らその道を切り拓けない大企業が、往々にして彼らの世界一をさまざまな手段を使って掠め取ろうとする。あるいは手に入れられないとわかると、妨害に走り抹殺しようとすることもあり、ベンチャー企業は多くの苦難に遭遇する。それもまた世界No.1ベンチャーの宿命である。

しかし、世界の環境も政治も経済も、崩壊寸前の姿を見せている現在、そうした二十世紀的な価値観では、企業社会の将来はない。その意味でも、世界No.1ベンチャーの存在は日本ばかりでなく、世界の希望である。

もちろん、個々のベンチャーには、それぞれの事情がある。業界もちがう。そのことを踏まえた上で、世界No.1ベンチャーの世界をあえて一言でいうならば「世界一はすごい、楽しい、夢がある、でもちょっと辛い」ということになる。

それこそ、私が長年「ベンチャー発掘」の取材を続ける中で、多くのベンチャー企業から受けた共通する印象でもある。その意味するところは、本書を読んでもらえばわかるはずだが、そこには多くの大企業が忘れたビジネスの原点、事業の本来の意味、商品の在り方などをあらためて考えさせるヒントとエピソードが、至る所に隠されている。

目次

第1話

日本発世界№.1ブランドを目指す「ピエラレジェンヌ」

田頭 淳位智　会長

❖日本の化粧品メーカー初の快挙、国際美容見本市「ビヨンドビューティパリ」出展
❖アンチエイジングの決定版・化粧品でプチ整形できる？
❖日本アジアアフリカ支援協会を設立、事業の目的は「社会貢献」

ものづくりに関しては一流とされる日本だが、ことブランドや化粧品に関しては、ちょっと様子がちがう。日本の化粧品は海外にも進出しているが、その人気も大衆レベルのもの。美や健康にうるさいセレブの世界では、海外メーカーの後塵を拝している。

そんな現状に納得できず、これまで日本の化粧品メーカーには出展が認められなかった欧州最大級の美容の見本市「ビヨンドビューティパリ」に、日本の化粧品メーカーとして初めて出展するという快挙をなし遂げ、しかも高い評価を得たのがピエラレジェンヌであった。

ひと足先に海外デビューを果たし、いよいよ日本での展開が始まる。

企業の宿命

昔から日本女性の肌の細やかさ、若さ、美しさは欧米人の憧れである。さらに、世界では「日本の商品はいいものだ」と信じられている。3・11の東日本大震災後、さまざまな分野で日本からの部品の調達ができずに、世界経済が足踏みを余儀なくされたのは、記憶に新しい。

そんな中、日本女性の美とは切っても切り離せないはずの化粧品はどうなのか。もちろん他の日本製品同様、安心して使えるいい商品として人気もある。反面、世界中のセレブと言われる富裕層は残念ながら日本の化粧品を使ってはいない、という。海外で日本の化粧品が人気なのは、あくまでも大衆レベルでの話。クールジャパン、ジャパンクオリティという言葉もあり、あらゆる分野で日本ブランドが脚光を浴びている中で、こと化粧品に限っては、例外だったのである。

世界のセレブが使う化粧品は、日本でもよく知られている、例えばゲランやエスティローダー、ランコムといった外資系化粧品である。なぜセレブに愛用されるかは、本来お金では買えない若さと美しさを維持し、あわよくば取り戻せると感じ取れるからである。値段も高いが、その分いい原材料を使って、ぜいたくにできている。そのため日本のメーカーのものよりも、商品としての力がある。

業界ではもちろん、口コミでも高い評価を受ける「ディ：エンヴィ」は見本市でも注目の的

ピエラレジェンヌ㈱（田頭淳位智会長）は、そうした外資系メーカーに太刀打ちできない日本の状況に納得できず、新たに化粧品におけるジャパンクオリティを追求するため、二〇〇七年八月に設立されたベンチャーである。

業界の歴史も古く、それこそ大手から中小零細まで、実にたくさんの会社が存在していて、見方によっては似たような商品を次から次へと提供する形でしのぎを削っている。化粧品市場は成熟した日本から、海外へも向かっている。何でいまさら化粧品会社なのか。彼の周りでも「いまさら化粧品会社をつくっても成功するのは難しい」という人がほとんどだったという。

田頭淳位智会長はこれまで美容・健康関連業界に携わる過程で、日本のドクターズコスメの先駆けとなるグループの一員として、その開発、販売等に尽力してきた。いまでは多くのドクターズコスメが売られていて、人気にもなっている。だが、いろんな化粧品会社のさまざまな商品づくりに携わる過程で、彼は厳しい現実を知らされる。

「残念ながら、最初に開発したときの意気込みやコンセプトが、商品が売れていくにつれ徐々に薄れてスタート当初のクオリティが失われていく。もともと『大手の化粧品会社とは一線を画して、自分たちが納得できるものを』ということで始めたはずなのに、結局は大手と同じような考え方になってしまう。つまり、いかにコストを下げるか、いかに儲けるかの追求を始める」

それこそ企業の宿命のようなものだが、その変貌ぶりを身近で見てきた彼は「自分でやるしかない」と決断する。そのため、スタート時から目指しているのは「この会社だけは絶対に商品に妥協しないでいこう。どんなに会社が大きくなっても、どんなに有名になっても、その商品づくりだけは絶対に妥協しない、いいものをつくり続ける」ということであった。

商品開発のみならず、組織づくり、販売促進その他、企業としての苦労が続く中で、ピエラレジェンヌおよび田頭会長の商品づくりに賭ける思いが具体的に実を結んだのは、二〇一〇年九月、フランスでの新商品「ディ・エンヴィ」のデビューであった。

パリデビュー

二〇一〇年の九月十二日から四日間、美の本場パリでヨーロッパ最大級の美容・健康関連の見本市として知られる「ビヨンドビューティパリ」が開催された。出展企業五百三十社、参加者数は約二万人に上り、会場は連日大盛況となった。

国際見本市とあって、そこには当然ながら「日本からも多数の企業が参加していた」と言いたいところだが、そこに参加していた日本企業は美容器具メーカー一社を除くと、化粧品メーカーはピエラレジェンヌ一社だけ。ちょっと意外である。

要するに、サッカーのワールドカップ同様「出展したい」と思っても、予選があって、その一次予選で大半は落とされてしまう。二〇一〇年、ピエラレジェンヌが初めて二次予選に進出したのが、日本の化粧品メーカーでは初の快挙だったわけである。

「二次予選に進んだだけでもすごいことだったんですけど、さらに決勝ラウンドにまで行ってしまった。しかも、本当はここでグランプリを取っていたはずなんですが」と、田頭会長は、当時の驚きを興奮気味に語る。

結局、グランプリこそちょっとした手違いから取れなくなってしまったが、それがあながち遠い目標でなかったことは、その後のピエラレジェンヌの展開からも明らかである。結果的に、グランプリ以上のものを手にすることになった。

翌二〇一一年六月にはパリを再び訪れて、前年のビヨンドビューティパリの実績をもとに、女優カトリーヌ・ドヌーブをはじめとしたパリのファッション、美容界の主だった人たちを招待して、再度自社商品をお披露目することもできた。

その主役である「時を超えた美しさ」をテーマにするディ：エンヴィは「いつまでも自分らしくありたいと願う女性のために、年齢を重ねた肌が最も必要としている二種類の成分を、世界で初めて同時に配合」「最先端の美容研究から導かれたのは、ヒアルロン産の産出能力を高める植物由来成分cPAと、顔の筋肉をリラックスさせることで表情シワを緩める成分SYN—AKEの二つ。日頃のスキンケアや化粧品では解消しないといわれている表情シワさえもやわらげ、うるおいに満ちた、ピンとハリのある肌質に近づけます」と謳う。

ディ：エンヴィの高級感あふれるパッケージデザインは、優雅な美しさとともに、空気に触れずに一回ごとの使用分が取り出せる機能性も兼ね備えており、世界の美容のプロたちの注目を集めた。

もちろん、化粧品は医薬品ではない。その意味では、化粧品を使って若返らせる必要はないとの考え方もある。とはいえ、多くの化粧品会社は若返りの効果を謳っている。しかも、そうしたイメージを謳っていながらイメージ通りのものになっていない、そんな商品が多すぎる。

そのため、ピエラレジェンヌでも「いつまでも若々しくありたい。その願いをかなえるために」と、さまざまな有効成分を効果的に配合したエイジングケアに取り組んできた。「若々しくありたい」という、そのイメージを裏切らないものを提供している。その一つの到達点がディ‥エンヴィである。

ピエラレジェンヌ賞

しかも、二〇一一年のビヨンドビューティパリでは日本の一民間企業であるピエラレジェンヌが、ビヨンドビューティパリ史上初めて、その見本市に出展してきた企業のために社名を冠した「ビューティチャレンジャーアワード（通称ピエラレジェンヌ賞）」を出すことになった。前代未聞の、まさに前年の決勝進出以上の快挙である。

なぜ、そんなことになったのかは、ピエラレジェンヌ商品のクオリティの高さが前提であることはもちろんだが、それ以上に、田頭会長の目指す企業理念に賛同した主催者側の思いからであった。

「私にとって事業は社会貢献のためです。極端に言えば、世界の会社の中で一番利益を上げたいと思っています。なぜかといえば、その利益を全部、社会に奉仕したい。それが私の今の考え方です。そして、私だけではなくすべての会社、企業人が事業で得た世界中の富、利益を社会貢献に使うことで、世界中の困っている人たちに救いの手を差し伸べて欲しいと思っているのです」と、田頭社長は社会貢献に対する熱い思いを語る。

ピエラレジェンヌのホームページを見ればわかるが、会社の概要、商品とともに「社会貢献活動」および「アジアアフリカ支援協会」が並んでいるように、事業そのものが社会貢献とリンクしている。

そのアジアアフリカ支援協会をサポートする形で、同協会の設立後にピエラレジェンヌは創業している。

「この美容界も社会に貢献するために、みんなが協力できることは協力しあう。そこでは当然、お互いがライバルなんですけど、それはお互いがお互いを蹴落とすための競争ではなく、お互いが切磋琢磨して、目標とする高みに登っていくための競争であって欲しい。その競争自体、活動自体が社会のため、世の中のためになるというのが美容・健康の業界本来の在り方だと思っています」

こうした田頭会長の考え方を知ったビヨンドビューティパリの主催者が、常々、業界全体のボトムアップ、レベルアップを考えてきた自分たちの考えと同じだということから、「これから出てくる新進企業のために、賞を出していただけませんか」と提案されたのがピエラレジェンヌ賞である。その意味では、同賞は田頭会長の思いを形にしたメッセージでもある。

ビヨンドビューティパリでの高い評価と、ヨーロッパのセレブたちがピエラレジェンヌそしてディ：エンヴィに向ける熱い眼差しを見て、田頭会長は「ピエラレジェンヌが世界のトップブランドになりうる」との確信を深めたというが、まさにヨーロッパでの展開はその可能性が少しだけ見えたということである。

しかも、社会貢献のため、ピエラレジェンヌの目標は、多くの有名化粧品メーカーが業界に君臨する中で、近い将来、大手に伍する企業にしたいというもの。会社を大きくするのも「社会貢献のため」である。

だが、社会貢献と言葉でいうのは簡単だが、実際には利益を上げる形で社会貢献できるだけの力がなければ何もできない。ピエラレジェンヌ一社では限界があるため、将来的に一兆円企業グループにする必要もある。そのために何をどうすべきか、ピエラレジェンヌ・田頭会長の挑戦は始まったばかりである。

そうした未来予想図とともに、社会貢献を堂々と謳う田頭会長の言葉が力強いのは、それなりの理由がある。

おまけの人生

彼は二十三歳のとき、オートバイ事故で九死に一生を得る大怪我を負った。

真夜中の東京・恵比寿で、プロレーサーを目指してレース用マシンを走らせていた時、突然路地から何かが飛び出してきた。かなり大きな黒い影に、一瞬「子供だったら」という不安が脳裏をよぎった。咄嗟にハンドルを切ったのだが、バランスを崩してそのままブロック塀に激突。マシンとともに彼の体もクラッシュした。

頭蓋骨陥没、肋骨骨折、両腕骨折、腰の骨骨折、大腿骨骨折、そして肺の手術をした。左膝から下が千切れてしまったため、彼の左足は人工骨でつないで、人工関節でできている。ほとんど二～三人分の血液に当たる十五リットルの輸血をしながらの大手術後、一週間、意識がなかった。気がつくと、全身管につながれ、激痛の中でベッドに横たわる自分の姿があった。死なないのが不思議な状態から奇跡的に蘇ったわけだが、ある意味では一度死んでいるということだろう。自ら「おまけの人生」というが、一度死んだはずの彼は三年間の入院生活を経て、それまでとはちがう価値観で生きることになる。

世間的には運が良かったはずの彼だが、その現実は奇跡的に助かったことを素直に喜べるようなものではなかった。全身、包帯でグルグル巻きにされて、左脚の膝から下がゴロンと捨てられたように転がっている。「こんな姿になっては、生きていても仕方がない。死んだほうが良かった」そう思ったという。

　だが、寝たきりのベッドの上で床擦れに悩まされたことで、医師の手当てしてくれた湿布薬から後のドクターズコスメのヒントを得る。あるいは、人間とは何か、人間の幸せとは何かを考える中から、日本に生まれた意味、社会貢献について考え、そしてピエラレジェンヌへと至る。

社名の持つ意味

　二〇一〇年のパリデビューを受けて、二〇一一年はビヨンドビューティパリ史上初めて、一民間企業ながら、いわば主催者側に回って「ビューティチャレンジャーアワード（通称ピエラレジェンヌ賞）」を授与する。

　さらに、パリからロサンゼルスに飛んで、テレビ界のアカデミー賞「エミー賞」のスポンサーとして、受賞候補者の控室などにピエラレジェンヌの化粧品を並べ、田頭淳位智会長が赤絨毯の上を歩く。ヨーロッパに続き、ハリウッドを舞台にピエラレジェンヌがアメリカデビューの第一歩を踏み出す。

　まさに、世界のセレブおよび美容・化粧品業界関係者に注目されるピエラレジェンヌの快進撃が続く。そんな中、日本での展開は現在、東京・表参道に「ピエラサロン表参道」をオープン。一部テレビでスポンサー番組を持ち、企業のイメージ広告を展開しているとはいえ、日本におけるエンドユーザー向け宣伝広告は、まだこれから。そのすべての展開は、ピエラレジェンヌの創業の目的である社会貢献、そのために必要な世界ブランドづくりのプログラムが周到に用意され、すでに動きつつある中国、ヨーロッパそしてアメリカへという加速度的な拡がりの途上にある。

ピエラレジェンヌという社名もまた、田頭会長が世界ブランドに相応しいものとして考案したもの。イタリア語の慈愛を意味する「ピエラ（ピエタ）」と、英語のリボーン、ルネッサンスなどの頭につく「生まれ変わる」、再生を意味する「レ（RE）」に、フランス語の「ジェンヌ」のお嬢さん、さらに麗しき人をつなげた造語で「愛によって生まれ変わる麗しき人」という意味になる。外面の美しさばかりではなく、社会貢献につながる内面の美しさをも育む本当の美の総合メーカーを目指すという意味が込められている。

そのため、現在は「ドクターケアシステム」による化粧品、それを補うサプリメントが中心だが、将来的には人として生きるために欠かせない教育と人間の心と体の健康の基本である食に関する事業が必要になる。

世界ブランド、美のトータルブランドとして大きく羽ばたいていこうとしている今、世界中のセレブ、有力者たちがピエラレジェンヌの事業と、これからやろうとしている思いに賛同して、その展開を強力にサポートしている。それは田頭会長自ら「自分でも信じられないことが、次から次へと起こっているんです」と、興奮気味に語る通りである。

日本人の使命

田頭会長は一九六一年十一月、長野県の安曇野で生まれた。父親が事業に失敗したことから、苦学して地元の高校を卒業。弁護士を目指して慶應義塾大学法学部に入学したが、若気の至りから、オートバイ事故を起こして中退。九死に一生を得た彼は、死に直面して、いわゆる臨死体験までしたことから、その後、周りから「変わった」と言われた。何がどう変わったのか自分ではわからないが、大きな挫折を味わうことで「すごく優しくなった」と言われて、彼はそれまでとはちがう価値観で生き始める。

だが、それはもともと彼が母親から教えられていたことでもあった。

「私が本当にこの世の中で一番の理想とする人間像って母親なんです。本当に優しくて強くて、人が困っていると、自分も困っているのに、その人を助ける。宮沢賢治の雨ニモマケズ、風ニモマケズという、あの価値観そのものの人です」と、意外な一面を語る。

そんな母親に彼は「自分たちが困っているのに、何でそこまでするのか」と聞いた。すると、母親はいつも「私は好きでやっているの。周りが何か困っているときに相談されて助けることができる。こんな幸せはない。お前ね、人のために何かできるってことが、幸せなんだよ」と、よく言われたという。

確かに周りの誰かに手を貸したり、助けたりすると「ありがとう」という言葉が返ってくる。仏教の本の中には「人のために生きることが一番大切なことであり、一番の幸せなのだ」と書いてある。そうした言葉が母親の姿に重なり、彼は人としての最高の幸福はそこにあるのだと悟ったという。そして、日本人として生まれたことについて「何で自分はこんなに恵まれている国に生まれることができたのか」と考えていた。

自分もアフリカやアジアのその日の食べ物にも苦労する、そんな国に生まれていたかもしれない。何で日本なのかを考えたときに、彼は「困らない国に生まれたということは、困っている人たちを助けられるということだ。困っているところに生まれたら、自分たちのことに精一杯で、とても人を助けることなどできやしない。そうか、そこに日本人の使命があるのか」と、自分なりの解答を得た。

そして、リハビリ後の自立そして社会復帰のため、肉体的なハンデを負った彼がやれる事業として、まず最初に取り組んだのが、アメリカから上陸したネットワークビジネスであった。さらにリハビリ用にと友人に勧められた効果効能が謳える健康機器の販売も始めた。多少、お金ができた彼は憧れのクルマＢＭＷを買ったことから、それまでの仕事を整理して、外車の販売店を始める。

成功の一方で、ある人物から投資に誘われて失敗。バブル崩壊後は外車販売から手を引き、一九九五年、新しい仲間たちとダイレクトマーケティングのシステムコンサルティングを事業化し、さまざまな流通の仕組みづくりの手伝いを始める。

クライアントに化粧品、美容健康関連が多かったことから、化粧品に興味を持つようになったが、同時にわかったことは「売れる仕組みを考えても、モノが良くなければ売れない」という当たり前の事実であった。

やがてコンサルの立場からモノづくりへと進んでいく、その最初のヒントは闘病生活体験にあった。当時、寝たきりの彼の背中や腰全体に床擦れができると、医師がジェル状の湿布薬を塗ってくれる。それを塗ると、実に早く治る。要は炭酸ガスの力を使った湿布薬で、創傷治療に使われている。

「傷が治るということは、細胞が元気になることだから、これをパックに使ったら効果があるんじゃないか」と、ドクターたちと一緒に開発し完成させたのが、エステ業界でも使われているCO_2ジェルパックである。

その後、ドクターズコスメの先駆けとなるグループの一員として、今日のピエラレジェンヌの創業へとつながっていく。

アジアアフリカ支援

コンサルタントとして七年間に百社以上に関わったという田頭会長だが、その一方「事業家としては、何もできていなかった」との反省のもと、社会貢献に直結する事業家としての成功を目指す。

コンサル時代、子供向け通販の仕事で知り合った大手総合商社の担当者から、田頭会長はアフリカでのボランティア活動に誘われて、自らも現地に行って、さまざまな支援活動に携わった。アジアアフリカの現状に接して、彼はアフリカの置かれた現状は「日本に暮らす自分たちとも無関係ではなく、要は私たちが、商行為を通して彼らから搾取している」ことを知る。

そうした現状を少しでもなくすため、国連関連機関と協調してアフリカのボランティア活動に従事してきた。にもかかわらず、アフリカの現状に変化は見られない。そして、実際に調べてみると、集まったお金や物資の一割も本当に困っている人たちのためには使われていない。組織が大きくなりすぎて、いわばボランティアのためのボランティアになっている。

そんなボランティアの理想と現実の落差を知ったことも、彼が自分たちの手でやる社会貢献を決断する一つの理由である。単純にお金や物資を送るだけではなく、それを生かす人が関わる必要があることから、二〇〇七年八月に、海部俊樹元首相に名誉会長になってもらって、日本アジアアフリカ支援協会を創設している。

以前にも、一つの事業を成功させる仕組みをつくり、その成功の当然の結果である経済的基盤の上に社会貢献をするという一連の流れをつくったらどうかと考えて、実際に起業してみたこともある。ピエラレジェンヌのモデルとも言える理想の会社のはずであった。ところが、現実にはお金が儲かり出すと、社会貢献は二の次で「儲かりさえすればいい」という人も出てくる。結局、彼は自分の事業を成功させる上で一番大きい要素は、人間性だということを思い知る。

事実「販売能力よりも、人間性重視で集めて、誰にでもできる仕事にしなければいけないということから考えついたのが、コマーシャルを口コミでコマーシャルするという手法です」と、代理店にテレビコマーシャルを口コミで見てもらうようにすることで、視聴率の低い時間帯の欠点をカバーする仕組みを考えだした。

ダイレクトマーケティングによる販売をメインにするピエラレジェンヌは、販売に関してイメージ的に近いのは再春館製薬のドモホルンリンクルだという。テレビなどで盛んにコマーシャルをしていて、無料サンプルを請求してもらい、実際に試してもらうところから愛用者を増やしている。ピエラレジェンヌの場合は無料サンプルではなく、お試し価格で使ってもらう。

ピエラレジェンヌの代理店システム「ピエラクラブ」は、田頭会長が自らの経験からネットワークビジネスやフランチャイズシステムなどの欠点をなくした理想の代理店システムとして構築したものである。そのため、商品の販売、発送、集金などもない。従って、よく問題になる在庫を抱える必要もない。

田頭会長にとって、代理店（その代理店も無制限に増やさず日本での代理店の数は一万を限度とする）は家族の一員であり、世界中の人たちを一緒に救いたいという思いで、困った人たちに手を差し伸べることを約束してくれた大切な仲間である。

彼らには「月百万円以上の収入は、できるだけ社会貢献のために使ってほしい」とお願いしているという。

グランドオープン

二〇一一年秋、ピエラレジェンヌはいよいよ日本での本格的な愛用者の獲得に乗り出す。テレビをはじめ、全国の新聞の全面広告、雑誌その他での展開がスタートする。

「ピエラ大会」と呼ばれた二〇〇九年に中国で行われた第四十九回ミスインターナショナル世界大会で、ピエラレジェンヌは中国の有力者たちの協力を得て、実質的なスポンサーとして、中国、さらには世界デビューの足掛かりを得ている。

二〇一一年はビヨンドビューティパリ、ハリウッドのエミー賞と続いて、いよいよ満を持しての日本での本格的なデビューとなるグランドオープンが、十月二十一日に行われる。テレビとコラボした形でのイベントとして、今後もコンサート、美容ショー、ファッションショーなどを組み合わせた魅力的なイベントが展開されていくことになる。

これまで日本になかった、世界で通用するトータルブランドを目指しているだけに、世界のセレブを意識したときに欠かせないものとして、パリの新進デザイナーと組んで、一気にパリのオートクチュールに進出するなど着々とその世界ブランド化が進んでいる。

同時に、今後は多くの一流と言われる商品のバリエーションも必要になる。各分野で世界的な事業の再編が進む中で、ピエラレジェンヌもM＆Aによって、世界的なブランドを傘下に治める形でのグループの強化も図っていく。二〇一三年に予定されている海外上場、その五年後には一兆円企業グループを目指す。

世界的に「華僑」あるいは近年はインド人による「印僑」が有名だが、二十一世紀には日本人が世界に出ていく「和僑」としてのピエラレジェンヌの今後の展開が期待される。

❖　❖　❖

ハリウッドデビューの舞台となった「エミー賞」

ピエラレジェンヌを紹介してくれたのは、本書の第十話「世界遺産を舞台に光のアートを仕掛けるCPMスタジオ」に登場する長谷川章代表である。

ピエラレジェンヌの田頭淳位智会長は、長谷川代表が内外で展開しているD-Kデジタルカケジクを見て、さらには長谷川氏の発言、考え方を含めた〝D-Kワールド〟に魅せられて、支援を買って出ている。そのため、ピエラレジェンヌのイメージ広告には、長谷川代表のD-K映像が使われている。

その長谷川氏が語ったピエラレジェンヌの田頭会長は「ドクターズコスメの仕掛け人で、使えば十年若返るという十万円の化粧品で、破竹の勢いにある」との触れ込みであった。

だが、創業して四年。ようやく五年目に入ったという若いベンチャーである。日本企業としての社会貢献、世界ブランド化への取り組みなど、展開は興味深いが、ホームページを見ると一緒に出てくるのが「ピエラレジェンヌ苦情」といった項目である。

「なぜこんな項目が？」と思うが、苦情の真相は、当初、関わった代理店に、いわゆるネットワークビジネス出身のグループがいて、彼らが人を集めるために「特約ボーナスがつく」と、ありもしないことを言っていたため「そうではない」との訂正の案内を各代理店に出したものである。

ネットの世界は改革の大きな力になる一方、悪意を持って利用されるとき、攻撃や煽動の材料にもなる。

事実、もしそれが本当なら、大変なことになっているのに、苦情はその一件だけ。

いまは辞めてもらっているというが、田頭会長は「かえって、お金儲けだけが目的の人とか、いい加減な人は入ってこないと思うので、そのままにしている」と語るが、まさに現在進行形のピエラレジェンヌの快進撃の前には、そんなマイナス情報は過去の微笑ましいエピソードでしかないということだろう。

日本では「高級ブランドは育たない」と言われている。例えば、多くのブランドがひしめくアパレル・ファッション業界を例にとっても、多くの有名ブランドが、欧米の高級ブランドを目指しては、やがてナショナルブランド化していくという事例ばかりである。

そこには、企業としての力量だけではなく、売れるとなると量産に走るという企業の在り方がある。取引先との関係など流通の都合もあって、最先端の高級ブランドが誰でも手の届くものになり、やがてデザイナー・プランナーなど制作側からは、想定外のユーザーが着だして、肝心のターゲット層を失っていく。

その意味でもピエラレジェンヌのこれまでの軌跡は、まさに世界ブランド化はいかにしたら可能かという実例を、現実の世界経済の中で、化粧品を突破口にして示しつつある、極めて希有な事例である。まさに、その今後が注目される所以である。

パリデビューとなった二〇一〇年九月のビヨンドビューティパリでのディ：エンヴィに続いて、翌一一年はメタボリック対応の新しいサプリメント「シルキージェンヌ」がズーム賞を受賞した。一方、新たに設けられた「ビューティチャレンジャーアワード」（通称・ピエラレジェンヌ賞）を、主催者としてピエラレジェンヌと同じ考え方に立つフランスの化粧品メーカーに授与するなど、それは見方によれば、まるでピエラレジェンヌのためのビヨンドビューティパリであった。

パリからロンドン経由でロサンゼルス入りした田頭会長は、ピエラレジェンヌのハリウッドデビューのための舞台となるエミー賞に、日本の化粧品メーカーで初めてスポンサーとして出席。サロンを設けて、ハリウッドスターおよび関係者にピエラレジェンヌの化粧品をアピールした。ハリウッドデビューと同時に、世界のセレブがピエラレジェンヌの化粧品を使い出し、いよいよ世界での流通が加速していこうという時期に入ったことから、ロサンゼルスにピエラレジェンヌのアメリカ法人「ピエラレジェンヌ・ビバリーヒルズ」を設立した。

そんな世界の流れを受ける形で、二〇一一年十月二十一日、いよいよ日本での本格的な愛用者づくりのスタートとなる「グランドオープン」を迎える。当日はサプライズゲストをはじめ、社会貢献活動に理解があり、ピエラレジェンヌに深く関わる世界中のセレブが一堂に会する。

グランドオープンの様子とともに、ピエラレジェンヌがどのように世界のセレブに受け入れられているのか、その様子はやがてテレビ報道などを通じて、明らかになっていく。

第2話

NASAが注目するニュートリノの水を開発した「ウエルネス」

野村 修之　社長

❖口コミで広がるヘキサゴンフィールドコンバーター（量子水）
❖高級和牛からサシが消えてわかったダイエット効果
❖空間を変える不思議なエネルギー装置

さまざまな効果を謳った「水ビジネス」が盛んだが、効果のほどは「?」が多い。
そんな中、先進各国の特許を取得し、ＮＡＳＡで実証実験が進められた実績を持つ

「量子水」をつくり出して、多くの業界から注目されているのが「ウエルネス」だ。

水道管に取り付けるだけで「制菌力」や「消臭効果」を持つ水をつくり出す、ヘキサゴンフィールドコンバータを用いた「VG7」、そして設置するだけでその空間・環境を変えるエネルギー装置を開発、子供たちを救う夢に賭ける。

NASAの抗菌テスト

水を巡っては、いろんなところで、いろんな形で紹介されてきた。以前にも増して水が地球の環境やエネルギーにとって、また人間の生活や健康の維持に欠くことのできない存在であることもわかってきている。

そのため、インターネットや通信販売などでは、相変わらず水ビジネスが盛んで、やれ波動水だ、磁気水だ、水素水だ、還元水だといった水が次から次へと登場している。その一方、二〇〇八年にはさまざまな効果を謳って、水道管や蛇口に磁石を取り付ける「磁気活水器」六機種について、国民生活センターが商品テストをした結果、「効果ナシ」として業界団体に広告・表示の改善を申し入れ、公正取引委員会にも事業者に対して排除命令を出すよう求めたことがニュースになっている。

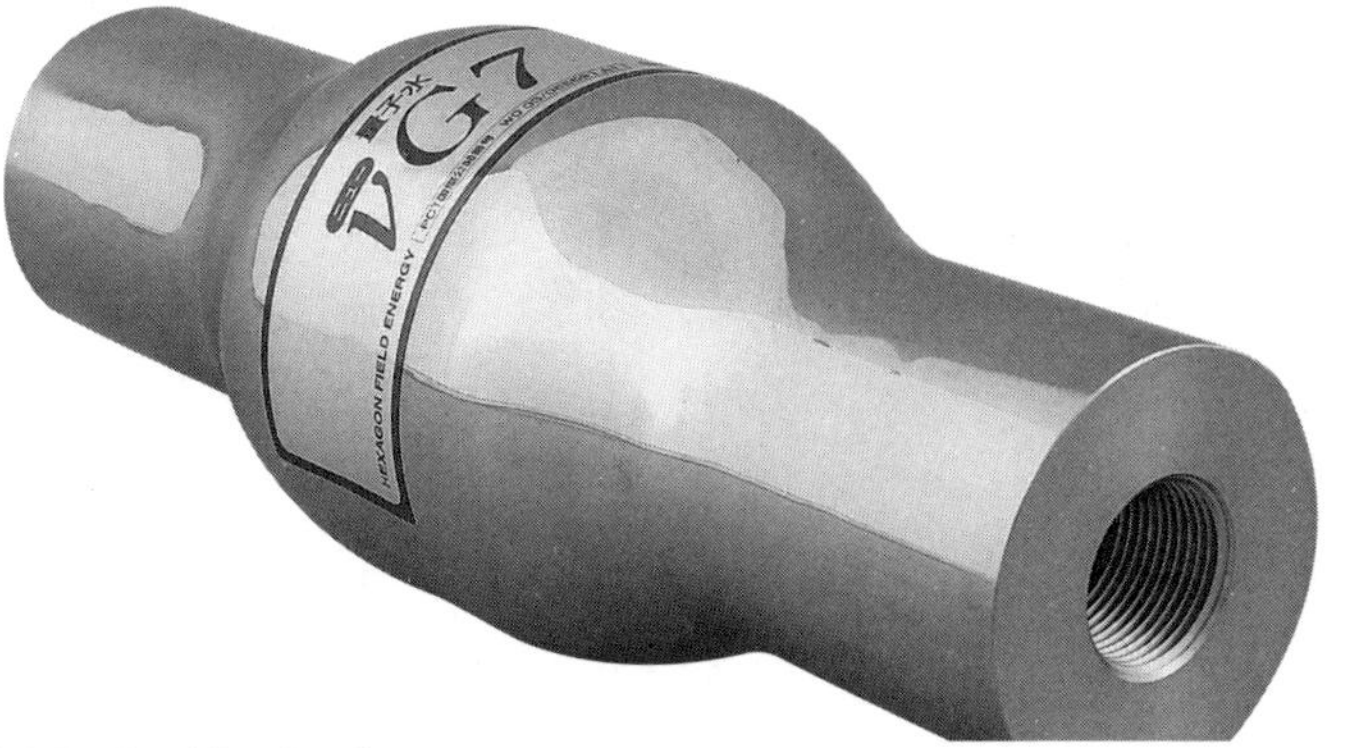

水を量子水に変える装置「ν G7」

㈱ウエルネスが扱うのは「量子水」である。ニュートリノの水とも称される。その量子水の装置には業務用から家庭用までさまざまなタイプのものがあるが、基本的には水の流れる水道管の間に、水を一瞬にして量子水に変える装置「νＧ７」（ニュー・ジー・セブン）を取り付けるというもの。

二〇〇八年一月には日本の特許はもちろん、十一月にはアメリカの特許を取得している。すでに、二〇〇六年には中国および韓国の特許が下りている他、二〇〇九年にオーストラリアでの特許が下りている。実証面でも多方面にわたる数多くの実績がある。

νＧ７の中には、水の改質効果を持つ特殊なナットを大量に詰め込んだ六角形をしたエネルギー変換器「ヘキサゴン・フィールド・コンバーター」が組み込まれている。水のエネルギー場をエキサイト化することにより「場の力」を蘇らせるというもので「この場の力が有効に働く範囲では、生き物の成長を助け、活力ある物質に導くとともに、自然治癒力の向上に役立ちます」と、同社のパンフレットには書かれている。

国内外で注目されていて、例えば二〇〇八年秋には日本を代表する水処理・環境関連某社が、日本国内の販売権を「三十億円で買いたい」と言ってきた技術である。

もっとも、野村修之社長はせっかくの話を、その場で断っている。お金が目的ではないことと、お金をもらえば、その後の研究を続ける意欲を失って、お金を無駄にすることが目に見えているからである。

また、当時、すでにアメリカのNASAの研究所にνG7が持ち込まれていて、研究者の手で実証テストが行われていたという経緯もある。特に、抗菌テストでは驚異的な結果が出ていたため、将来の宇宙ステーションでの長期滞在に不可欠とされる無菌状態での水耕栽培が可能になるのではないかと注目されている。アメリカ農務省でも、その技術の農業利用を模索しているところだという。

驚異の特許効果

νG7の特許の内容は、①制菌力、②消臭効果、③ノルマルヘキサン値の減少、④水素の生成、⑤乳酸菌の増加、⑥界面活性力の向上（水道水の一・七倍）といったものである。

制菌力に関しては、量子水の中では例えば大腸菌が一時間後に約三六％減少、三時間後に約五七％減少して、二十四時間後には「検出せず」となる。食中毒を起こす黄色ブドウ球菌、レジオネラ菌、サルモネラ菌など、いずれも二十四時間後には「検出せず」という結果になる。

最近でも、沖縄のスーパー銭湯や温泉プールのある施設で水質検査が行われたときに「大腸菌がゼロ」という結果が出ている。

「沖縄のお客さんから電話があって、検査担当者が『一日千五百人が利用する銭湯で、大腸菌がゼロなんて考えられない。ウーン、一体どうなっているんだ』と、うなっていたそうですけど、その話を聞いて、逆に『ヘェーすごいな』と思いました」と、野村社長自身が驚いているという。

消臭効果についても、畜産の現場から始めたこともあって、アンモニア臭や硫化水素等の臭いを消す作用がある。特有の臭いに悩まされている海産物処理工場や豆腐製造工場やレストランの厨房、美容室・エステ施設、介護施設など、いろんなところの臭いが消えたという現場が全国にある。

化学物質の害が心配されているノルマルヘキサン値の減少については、動物脂・植物脂を分解する作用があって、食堂やレストランなど油を多く使う施設で、驚異的な効果が出ている。

水素の生成については、四十八時間を最大として水素が自然に発生することが水質検査によって、裏付けられている。酸化還元電位が低く、健康維持に効果があるという声が多いが、この量子水を容器に入れて放置しておくと、容器内に泡が生じる。この泡をガスクロマトグラフィーで分析した結果、水素ガスが検出されるのだ。

乳酸菌の増加については、ストレスが減ることなどから、ブタやウシ、シジミなどの生体内で乳酸菌を増やす効果がある。同時にうま味成分のアミノ酸が増えるという。

界面活性力の向上については、フーリエ変換型核磁気共鳴装置（電子スピン共鳴法）で行った実験では、水道水の一・七倍という結果が出ている。通常の食堂などの排水口・グリストラップは油脂などの汚れがビッシリついたままになるのだが、その汚れがつかずに澄んでいるという事実など、いずれも多くの特許効果が報告されている。

ダイエット効果

いままでは多くの実証例があるνＧ７であるが、その初めは九州の畜産業の現場でのテストからであった。

もともと、浄水器を設置した畜産の豚舎から臭いが消えて、ブタがケンカをしなくなるなど、水の効果は絶大であったというが、その事実を思い知らされたのは、突然のトラブルに巻き込まれたことからであった。

量子水の評判を聞いて、知り合いの畜産業者がブタとウシを飼っている現場に装置を導入したときのことだ。いま思えば、あまりの効果に想定外の事態が起きたということだろう。豚舎の臭いが三日で消えたという、そこまでは良かったのだが、一週間後に、そこの社長が血相を変えて怒鳴り込んできた。

「あの水のせいだ。そうとしか考えられん。四百万円がパーになった」と言って、最後は野村社長に「弁償しろ」という騒動にまでなったのである。

その社長がカンカンになって怒ったのは、この水を飲ませていたら出荷する予定のブランド和牛から、せっかくのサシ（霜降りの脂肪）が消えてしまい、売り物にならず四百万円の損をした、というわけである。

ブタの場合はちゃんとしたエサを食べているので、多少の脂肪分は落ちてもおいしい豚肉になるのだが、高級和牛は出荷が決まった段階からエサを変えて、全身にサシが入るようにする。人間でいえば、一生懸命太らせて運動不足のメタボ体質にするようなものなのだが、その脂肪が落ちてしまったのでは、何のためにサシを入れたのかわからない。

テストということで、お互い同意のもとにやったことであり、文句をいうのは筋ちがいだが、野村社長は「ひょっとしたら、女の人がこの水を飲むと痩せるのではないか」と気がついたというから、瓢箪から駒である。案の定、女性に飲ませてみると、みんな痩せだしたという。

そのダイエット効果が口コミで広がって、熊本などで六リットル百円で売っていた自動販売機の量子水が売れだしたという。

だが、効果は確かでも、自分でビックリしているぐらいだから、他人に信じろというのも無理な話である。装置を売るという意味では、とてもビジネスにはならない。そこで、野村社長がとった方法は、とにかく試しに使ってもらうために、その装置をいろんなところに貸すことであった。「使ってみて、もし良かったらお金を払って下さい」というわけ。

「結果も出ていて効果が明らかであっても、大学の先生たちは信じてくれない。『エセ科学』とまでいわれました。ですから、できるだけ多くの現場で実証して見せるのが私の役目だと信じて、これまでやってきました」

と、野村社長はその苦労を語る。

だが、タダで貸したこともあって、クレームが一件もないといういい面もあった。いまでは、全国の代理店の人たちも売っているがやはり一件のクレームもないという。

瀕死の事故にあう

ウエルネスの技術はあらゆる空間にパワーを与えるエネルギー装置「ヘキサゴン・フィールド・コンバーター」が元になっている。そして、νG7開発のヒントは、野村社長のこれまでの人生体験が基になっているというしかない。

一九五二年三月、長崎市に生まれた野村社長は、九州工業大学金属学部金属加工学科を卒業後、神戸にあった金属の表面処理の会社に就職した。会社が導入した某大手企業（中央研究所）の技術の営業担当となった野村氏は、仕事を取ってきてはその技術を施した製品を納めて、会社の業績アップに貢献した。

だが、なぜか現場では毎回、同じミスをする。そのため「担当者を変えてほしい」と上司に願い出たのだが、その担当者は社長のお気に入り。逆に「ミスの出ないような仕事を取ってきてくれ」と言われて、ついに彼は「担当を変えるまで仕事はしない」と宣言。その後、一年間、給料だけもらって、一切仕事をボイコットして遊んでいたという。

結局、一年たっても状況は変わらないため五年ほど勤めた会社を辞めて、その後は別の所でアルバイト生活を始めた。

その三年後、クルマの運転中に、居眠り運転の保冷車にぶつけられ、瀕死の事故にあったことで、彼の人生は大きく変転する。

意識不明で病院に担ぎ込まれたのだが、気がつくと、なぜか無傷であった。ところが、四十日後に突然吐き気がして、首筋から肩のあたりが痛むほか、体の自由が効かなくなったのである。リハビリに励んでも、手を長く使っていると、筋肉が硬化して動かせなくなる。それを揉みほぐしては、また動かすという具合で、とても仕事にならない。

事故後の三年間、給料は事故の相手が出してくれていたそうだが、何とかクルマの運転ができる状態にまでなったとき、普通の会社勤めはできないと悟った野村氏には、自営の道しか残されていなかった。

当時、大阪の水道が臭かったことと、周りに農業関係者がいたことから「浄水器とか農業資材を扱う会社でも始めようか」と考えたという。そんな中での最初のヒット商品は、手持ちの資材の中にあった赤や青や緑に着色したガラスの砂（二酸化珪素）を使った熱帯魚を入れたミニボトルであった。

いろんな形をした容器に、その砂を敷いて肉食魚のエサになる安い熱帯魚を入れただけのものだが、大阪の東急ハンズが「面白い」と言って置いてくれた。その「小さなアクアリウム」というキャッチフレーズの「私の水族館」シリーズが、部屋のインテリアとして話題になり、一九九一年当時、年間一億二千万円を売る大ヒット商品となったのだ。

そのビジネスを始めるに当たって、東急ハンズの担当者から「会社をつくる必要がある」と言われてつくったのが、一九九〇年九月に設立された「ウエルネス」であった。熱帯魚ブームは七年で終わったが「会社が十九年続いたのは、このヒットのおかげです」というのは、まさに野村社長の本音であろう。

波動測定器

量子水νＧ７の研究開発は、最初のヒット商品「私の水族館」のブームが去って、再び水の仕事にもどったことから始まった。

だが、当時の浄水器は逆浸透膜方式で、後に活性炭や火山灰のシラスサンドなどを利用するようになったとはいえ、よくある浄水器でしかなかった。現在のように、水道管に取り付けるだけでさまざまな効果を持つヘキサゴンフィールドコンバータを用いた「νＧ７」や設置した場所の環境・空間を変えるエネルギー装置「アオイシリーズ」（ＡＯＩ２０２＆Ｅ—７）にたどり着くまでには、紆余曲折があった。

仕事を続けながらも、事故の後遺症のため野村社長はとにかく体が重くて、何もする気が起きなかったという。「自分の体が一体どうなっているのか」を知りたくて、ツテを頼って郷里の長崎大学病院に検査のために帰ったこともあった。だが、結果は「何も悪いところはありません」というもの。しかも「本当に具合が悪いんですか？」と言われるぐらいで、データ上は何の異常もなかった。

その後も、四国の松山に指圧の上手な先生がいると聞いては通ったり、たまたま来日中だったフィリピンの心霊治療師の治療を受けたこともあったという。

多くの苦労を重ねた結果、もともと理科系出身の彼が、やがて科学・技術の世界から遠ざかっていくことになる。その一つの転機となったのが、共振共鳴現象を利用して見えない世界を見るという波動測定器との出会いであった。

かれこれ十数年前、もともとアメリカで開発された波動測定器と同様の装置を持っていた浜松の友人のところに、脚の不自由な肥満男性と知人女性と一緒に見にいったときのことだ。実験台になった肥満男性が、関連する数値などを書いた表を前に、波動を測定していく。その彼は中学生のころ胆嚢の手術をしたために足を動かすのに介添えがいる状態だった。

「それを打ち消す波動の水をつくってあげるから」といって、友人がミネラルウォーターにエネルギーを転写するのだが、そうやってつくったペットボトルの水を「持って帰るのは面倒臭い」といって、その場で飲んでしまった。

「次の日、連れの女性が電話で『野村さん、大変よ。あのおデブちゃんが電車に間に合わないと言って、いま走っているの』と報告してきた。しかも、その一カ月後、彼の家を訪ねると、奥さんが『まともに歩けなかった主人が浜松に行って以来、介添えなしで歩き回っている』という。これにはビックリしました」と、野村社長は当時の驚きを語る。

不思議な効果を目の当たりにした彼は、七十万円ほどの波動測定器を買って、やがて見えないエネルギーの世界に深く関わりを持つようになっていった。

気功の物理学

波動測定器を使って、自分の治療の他、友人知人の相談などに応じていると、いろんな人の悪い波動が伝わるのか、野村社長夫妻が精神的に不安定になったり、体調を崩したりするようになったという。そこで、自分たちを守るために彼らが頼ったのが、たまたま縁のあった気功教室であった。

気功と出会って、気の世界に興味を持った野村社長が自分なりに実験を重ねていくと、いろいろと興味深い事実が見えてきた。実際に気を入れようとしても、入るものと入らないものとがある。例えば、アルミニウムは全然、気を受けつけない。鉄は入る代わりに、すぐに抜ける。そして、ステンレスには、なぜか気が一杯入る。その効果を安定化させるために熱をかけてできたのが、現在のステンレスの六角素片（ナット）である。

そんなある日、特定の条件を設定してつくったナットを並べた上に、レモンを置いたところ「アレッ」という変化があった。酸っぱいレモンの酸味がまろやかになっていた。それから集中的に実験を重ねていった結果「これは単なる不思議な現象ではなく、明らかな物理現象である」ということを確認し、具体的な製品をつくり出していったのである。

当初は水に関連する製品ではなく、エネルギー装置としての置物であった。それを行きつけの飲み屋でコースター代わりに使って、いわば遊んでいた。その上にお酒を置くと、味が変わってまろやかになるからである。

この置物を以前からつきあいのあった養豚業者に「試して下さい」と持っていったところ、不思議なことが起こりだしたのだ。

エネルギー装置を十個ほど豚舎に置いた三週間後、様子を見にいくと、そこの社長が「一体どうなっているんだ。あれを置いて三週間、ブタが死なない」と興奮している。通常その規模の豚舎では事故やケガなどで、二日に一頭はブタが死ぬ。それが十日に一頭になったというのである。

その後も、効果を確かめていたところ「ブタがよく寝るし、よく食べるし、よく太るので、出荷時期が短縮した。子ブタが噛み合わないから薬がいらない。しかも、妊娠する頭数が増えているようだ」と、まさに畜産業者にとっては、いいことずくめの結果が起きていた。

しかも、野村社長の周りでも、自分の友だちに渡していたところ、それまで不妊治療に一千万円近く注ぎ込んできた夫婦が妊娠して高齢出産することになった。ベッドの周りと部屋にエネルギー装置を置いていたところ、子どもができて、「この装置のせいとしか考えられない」というわけである。

波動の機械を買うまでは、こうした不思議な世界とも縁がなく、気のこともわからなかったという野村社長だが、結果だけは認めざるを得ないというのが、当初の受け止め方であった。

空間を変える

考古学の世界では「認知考古学」が注目されているそうだが、それは最新の科学の成果をもとに人間の行動を説明する「心の科学」を取り入れた考古学をいう。そのポイントの一つは、人が用いてきた道具にはある種の通念、社会に共通する意識が関係しているとするものである。

例えば、上等な宇治の玉露も紙コップで飲んでは、あまりおいしく感じない。人間の観念的な意識が働いているからでもあるが、その先には、実は道具やモノ、形そのものに何らかの力があるのではないかという考え方がある。事実、ピラミッドの形をはじめ、特殊な文字やマークが人間の意識やモノそのものを変える力があることは、今日の最先端科学の世界では常識である。

あるいは、もう少し科学的な説明を加えるならば、私たちの身の回りには電気を通す鉄や銅などの金属や、通常では電気を通さないプラスチックやガラスのような絶縁体といった、さまざまな物質がある。鉄は磁石に反応するが、プラスチックは反応しない。

こうした特性のカギを握っているのが電子であり、電子の働き次第で一瞬のうちにモノの特性が変わる。その典型的な存在が「強相関電子物質」であり、電子をコントロールすることで、金属の作用を持ったり絶縁体になったりすることが、現代の科学ではわかってきた。そうした最先端科学が見えないエネルギーの世界、不思議な現象を多少は説明してくれるのではないかというわけである。

だが、理屈はさておき、現実に効果があるというので、いろんな人たちが全国各地で、いわば実証実験を行っている。ある気功のグループでは、ガンその他の難病を気功をはじめとした東洋医学を用いて治療している。そこで、νＧ７を治療に取り入れたところ、それまで三〜四割だった治癒率が一気に八割ほどに上がったのだという。

しかも、髪の毛が薄かった先生が自分の頭を量子水で洗っていたところ、徐々に毛が生え出したといって、こちらの面でもかなりの反響があったそうだ。量子水によって、毛根にこびりついた油脂類が落ちて、また毛が生えてくる。その先生曰く「この水を飲むと脂肪層に溜まっているいろんな毒素や重金属、化学物質をデトックス（毒出し、毒消し）してくれる」というわけである。

新潟のケースでは孫のところに不良仲間がいっぱい集まってくるので心配していたおばあさんが、試しにエネルギー装置を置いてみたところ、なぜか彼らが家に寄りつかなくなった。しかも、孫が「自分もそろそろ働かなければ」と言いだしたという。

山口県の中学校でも、女の先生が保健室に装置を置いたところ、生徒たちがなぜか癒されるようで「この部屋、すごい気持ちいい」といって、それまで荒れていた学校全体が落ち着いたそうだ。

子どもたちを救う

気の世界、見えないエネルギーが関わる、この手の技術は、通常、結果が出ていても科学的に解明されていない面もあるため、大手企業では敬遠されるケースが少なくない。ウエルネスの場合も例外ではないとはいえ、類似商品と比べて、これまでビジネスにしてこなかった分だけ、多くの実証例がある他、ＮＡＳＡのデータがあることもあって、実は大手企業の系列ホテルが導入しているなど、興味深い展開が続いている。

二〇〇八年の十一月にνＧ７を取り付けた大手系列のホテルでは、厨房の臭いの元である油汚れが消えて、排水口のグリストラップが澄んでいるのを見て、そのホテルの社長がわざわざ「高い投資をしたけど、その価値がよくわかった」と電話をくれたという。

大手では珍しい導入例であるが、それが実現したのも、その企業関係者が宍道湖のシジミを処理している工場を見にいって、食品加工工場特有の臭いがしない他、シジミの旨味成分・アミノ酸の量が二～三倍に増えていることなど、量子水の効果を確認していたからでもある。

さらに、通常は三ミリのナットに対して、より小型でパワーアップしたものとして、一ミリのミニナットを利用した装置を完成させている。こちらは電磁波障害に悩む女性の求めに応じてつくったもので、より小型化されていて外にも持っていけるため、今後の応用範囲がさらに広がるものと期待されている。

他にも、現在の装置の効果をよりパワーアップさせる研究も進んでいる。そこではエネルギー装置と水の他に、実は三つの思いを表した言葉を用いるというのだが、中途半端な説明はかえって誤解を招くため、将来の課題ということで、あえて割愛する。ただ、そこに興味深い事実と、新たな可能性があることだけは確かなようである。

日本ばかりでなく、アメリカでも大きなビジネスチャンスの可能性があるνG7およびアオイシリーズが軌道に乗ったとき、野村社長は「一つ、やりたいことがある」という。「とにかく、いつか儲かると思う。そのときこれは自分の儲けとは思えないので、将来ある子供たちのために使いたいんです。いま子供たちがあまりにもおかしいでしょ。どこの保育園や幼稚園でも、みんな困っていると思う。そうした保育園や幼稚園に無償で、このエネルギー装置と水を利用してもらったら、たぶん子供たちも救われるんじゃないかな」と、熱い思いを語る。

その実現のためにも、今後はさらなる理論武装が必要になる。そこで、二〇一〇年秋にはアメリカからνG7のもっとも有力な理解者であるNASAの研究者を招聘して、大阪で講演会を開催するなど、今後のウエルネスの展開が注目される。

❖　❖　❖

スズキファームのNB菌

㈱ウエルネスのホームページを見ると、いろんな赤ちゃんの顔写真が載っている。単なるイメージ広告ではなく、彼らはみんな量子水νＧ７を飲んで子供ができた夫婦の間に生まれた赤ちゃんである。

もともと、νＧ７を導入した養豚場で、豚がよく子供を産むようになり、健康になったことから、不妊に悩む夫婦間で利用されるようになったものだ。νＧ７には受精受胎の効果を高め、健康にする効果があるようで、その後も、次から次へと応用分野、実証例が増えている。

相変わらず、ビジネス的には先行投資が続いていると言って、野村修之社長は全国各地を飛び回っている。

３・11後、興味深いニュースは、塩害で全滅状態にある被災地の水田で、特別な除染をすることなく、稲が青々と育ったことだろう。

具体的には塩害で稲が枯れている宮城県で、スズキファームの開発したＮＢ菌と量子水νＧ７を使って稲を育てたところ、他の水田の稲は全滅状態の中で、スズキファームの手掛けたものだけが、枯れなかったのである。

要するに、ＮＢ菌とνＧ７の働きによって、塩分も重金属、さらには放射性物質も消えているらしい。

野村社長がＮＢ菌の威力を実感したのが、岡山の養鶏場でのことだった。ニワトリはブタやウシなどに比べて、腸が極端に短いため、νG7を使って、ニワトリが健康になっても消臭という点での効果には限界があった。そこで、NB菌を一緒に使用することを提案して、実際に試みたところ、ピタッと臭いが消えたのである。

しかも、玉子が箸で掴めるようになり、ニワトリの糞でつくる堆肥もまた、良質の肥料として使える可能性が出てくるなど、水面下でちょっとした農業革命が起こっているのである。

十月には稲の検査が終わって、米の汚染状況もわかるが、実験レベルでは農薬を大量にまいたところでも稲の中に農薬や重金属類が入っていかない。そのため、今回の取り組みが成功した暁には、宮城県では全県でスズキファームのBN菌と量子水νG7をセットにして使用することになっている。

その結果が出るのも、そう遠くない将来ということになる。

第3話

世界の合成洗剤・洗濯革命に挑む「ライトウエーブ」

堀江　琢磨　社長

❖世界初の界面活性剤ゼロの洗剤「バジャン」
❖洗濯液でメダカが生きられる「理想の商品特性」
❖皮膚科医が保証するアトピー性皮膚炎に驚異的な効果

大量生産され、大量に売られている洗剤のほとんどに含まれている界面活性剤。この界面活性剤は容易に皮膚から侵入し、われわれの健康を害する危険がある。その界面活性剤をまったく使用せず、重曹と炭酸塩を主成分とする洗剤が「バジャン」。洗濯液の中でメダカが生きられるという健康にも環境にも優しい、この奇跡の洗剤を世に広めるため、ライトウエーブの堀江琢磨社長は立ち上がった。

だが、そこには意外な障壁があり、理想の商品特性を持つ「バジャン」による合成洗剤・洗濯革命は、いまだ進行中である。

不都合な真実

「バジャン」という洗剤の名前を聞いたことがあるだろうか。ビジネスマンにはなじみがないかもしれないが、これまでの洗剤の常識を覆す「界面活性剤ゼロ！」を謳い文句に、経皮毒を寄せつけない「スキンケア用洗濯洗浄剤」をキャッチフレーズにしている。

界面活性剤という言葉こそ、最近は普通に使われるようになり、アトピーなどの皮膚障害の大きな原因となっているといった危険性も知られるようになってきた。環境面でもサンゴの死滅、越前クラゲの異常発生など、水質汚染の最大の原因は家庭から出る洗濯・洗剤排水とされるなど、化学物質としての界面活性剤が大きな問題になっている。

その毒性については、二〇〇二年に国がＰＲＴＲ法（化学物質排出移動量届出制度）の第一種指定化学物質に選定することで、人体や動植物に有害な化学物質として排出量の削減を促している、いわば劇薬である。

界面活性剤の毒性にしろ、さらには「経皮毒」など、近年はいろんなところで問題にされるようになっている。経皮毒とはその名の通り皮膚から侵入して健康を害する有害化学物質であり、そのワースト3こそが合成洗剤、シャンプー類、化粧品ということである。その事実をほとんどの人が知らないのも、それらが業界にとっては「不都合な真実」だからであろう。

界面活性剤を使わない洗剤「バジャン」

そうした時代だからこそ、逆に必要とされているのが、安全で環境にやさしい商品であり、事実、さまざまな分野でエコ商品が人気になっている。ライトウエーブ（堀江琢磨社長）の「界面活性剤ゼロ」洗剤「バジャン」の安全性は、東京都の生活文化局から「スキンケア用洗濯剤」という表示の使用を認められたことでもわかるはずだ。

バジャンがいかにこれまでの洗濯洗剤の常識を超える

ものであるかは、界面活性剤ゼロのため肌にやさしいと同時に、環境にもやさしいということでわかる。その安全性はバジャンの主成分が重曹と炭酸塩であり、洗濯水の中でメダカが生きていられることでも明らかであろう。

安全性だけでなくバジャンの特異なところは、通常の洗剤では安全性とは相いれないはずの洗浄力に関しても、ドイツの調査機関で大手洗剤メーカー三社との比較検証の結果、合成洗剤以上の洗浄力があることが証明されている。しかも、一度落ちた汚れが再び衣類に付着するのを防ぐ再汚染防止能力がある。

安全で洗浄力も申し分なくて、さらにすすぎが一回で済むため、電気代と上下水道代の節約になる。その他、柔軟剤なしでもふんわり仕上がる他、部屋干ししても重曹の消臭作用で嫌な臭いがしないなど、いいことずくめである。誰もが、これまでにない画期的な洗剤として「これは売れる！」と考えても不思議ではない。

現在では「バジャン」の他に、入浴剤にもなり、シャンプー代わりにもなるボディ洗浄剤「ママプレマ」と、医療・衛生分野で使われる超酸化水をベースに独自に開発した全身ボディローション「ナンナミスト」を、肌ケア三点セットとして発売。

アトピー患者、乾燥肌など肌に敏感な人たちに欠かせない商品となっている。

この三点セットは、電気分解技術では世界のトップレベルにある「Ｍｉｚ」の佐藤文武社長が

「アトピーの子を何とか救ってあげたい」と考えて、およそ十年の歳月をかけて開発した商品である。

開発のきっかけとなったのは、同社の電解水の機械を買った病院で、その機械でつくった水を洗濯に使ったところ、アトピーが極端に減ったことからであった。電解水で洗った服を患者に着せただけで、そういう事態が起きているとの報告を受けて、その因果関係を追究した結果「アトピーの原因は界面活性剤である」との確信を得たのである。「もし界面活性剤ゼロで、かつ汚れが十分に落ちるものが開発できれば、これは世界の洗剤を変えることができると思ったのです」と、Ｍｉｚの佐藤社長も、その自信を語る。

だが、世界初の界面活性剤ゼロという、国際特許取得商品であるバジャンはなかなか売れなかった。

理想の商品特性

ライトウエーブの堀江琢磨社長がバジャンの開発者であるＭｉｚの佐藤社長と出会ったのは二〇〇〇年のこと。一年近く、バジャンを世の中に広める手伝いをした堀江社長が、その商品の特徴を知るにつれてわかったことは「これは当初考えていた以上にすごい商品になる」という確信であった。同時に、片手間でできるような仕事ではないことから「地球環境の汚染防止」と「人間の健康」に寄与することを目的に、二〇〇一年八月に設立したのがライトウエーブであった。

意外にも思えるが「これは売れる」という周りの声とはちがって、堀江社長は「これほど次元の異なる商品だと、信用されないため売れないかもしれない」と思ったそうだ。それでも「二年もすれば何とかなるだろう」と踏んでいたというが、実際に売れ始めるまでに四年以上かかるなど、苦しい時代が続くことになった。

「売れない」という現実に直面したライトウエーブそして堀江社長は、なぜ売れないのか、商品の特性について考えて、バジャンの売り方の難しさに気がついたという。

堀江社長は「世の中に流通している商品というのは、ほとんどのものが統一性がない。矛盾を抱えていて、状況の変化によって、いい場合と悪い場合が対極の関係になる」と、具体的な例を上げて説明する。

その典型的な商品はクスリの場合で、薬効成分を多くすれば効き目がアップするが、一方では副作用がひどくなる。あるいは、クルマの場合もスピードが出るようにすると、利便性は高まるが、その一方で環境汚染や事故の増加につながる。あらゆるものが、本質的にそうしたプラスとマイナスを共存させている。洗剤も同様で、一般的に洗浄力を高めると毒性が強くなり、毒性を弱めると洗浄力が落ちる。洗剤に限らず「天然のものがいい」というのは、そのプラスとマイナスの乖離の度合いが少ないからである。

ところが、すでに指摘したようにバジャンは、洗浄力が強いにも関わらず、天然もの以上に安全で環境に負荷を与えず節約になるという理想の商品特性を持つ、極めて例外的な商品なのである。

逆に、世の中に広く出回っている商品は、そのつもりで見ると、世のため人のため、消費者のためと言いながら、大量のコマーシャルを流すことでマイナス面を隠し、プラス面をクローズアップすることによって、購買意欲をかき立ててきた。

そうした商品の本質をオブラートで包むような大量のコマーシャルが氾濫する中では、せっかくのバジャンの特徴も素直に受け入れられないことは、ある程度予想できたというわけである。

自ら「楽観的」と語る堀江社長は「逆に、ますますこの商品バジャンに対する自信は、確信となって、さらに強まった。その商品としての力とともに、必ずや界面活性剤ゼロの時代が来ると信じてやってきた」と、淡々と語る。

洗濯・洗剤革命

界面活性剤ゼロのバジャンには、実際に売っていくに当たって、次元のちがう商品であるゆえの悩み、洗濯の常識を否定する商品ゆえの難しさがついてまわる。

二年という予想が、四年以上かかった理由の一つは、バジャンがすでに確立されている洗濯・

洗剤の常識、その生活文化とは異なる次元のちがう洗剤だということであろう。

界面活性剤の害が声高に語られるようになって、家庭の主婦は基本的に素手では洗剤を扱わないとはいえ、界面活性剤は大量に入っていてもゼロであっても見た目は変わらない。そして、他の洗剤メーカーが合成界面活性剤の割合を少なくしても、毒性が残ることには変わりがない。より安全な天然性の界面活性剤、即ち石鹸を用いるようになっても、例えばヤシ畑をどんどん増やすことになって、結局は生態系を破壊することになる。そうした点に関しても、バジャンが優れているのは、主原料は重曹と炭酸塩なので、安全であり無限にあって、タダ同然のものだからである。しかも、将来的には海水の利用も考えられる。

そもそも、界面活性剤ゼロということ自体が洗濯・洗剤に大変革を促す画期的なものである。だが、泡が立たない、すすぎが一回でいいということは、環境にもいいし、電気・上下水道代の節約にもなる。エコ生活に貢献できることはわかっていても、ついついこれまでの習慣で泡はなくても、すすぎは二回、三回とやるユーザーが少なくない。

これではせっかくのバジャンの良さが半減してしまうのだが、まさにそうした意味ではバジャンが当たり前に世の中に受け入れられるためには、これまでの常識を覆す〝洗濯・洗剤革命〟が不可欠なわけである。

宿命的に売りにくい面を内包しているバジャンだが、現在の地球の水と健康と環境の問題は、待ったなしの状況にある。バジャンを売る難しさ、常識の壁、業界等に残る障害は払拭されたわけではないが、確実に時代は変化している。

洗濯・洗剤革命ということでは、もし全国五千百十万世帯でバジャンによるすすぎ一回洗濯を実行すれば、試算では約九億トンの節水となり、これは東京都の上下水道料金に換算して約二千億円分に当たり、さらに九十五万トンのCO_2削減ができる。

「十年、二十年前だったら、たぶん潰されていた。いまはわれわれに有利なビジネス環境になっていることは確かです。実際に、大きなフォローウインドを感じています」

こう語る堀江社長の声は明るい。

時代の追い風

近年、ロハス「健康で持続可能なライフスタイル」を求める風潮が高まる中で、環境と人にやさしい洗剤バジャンは、ようやく世の中に受入れられ始めた。具体的には、安心、安全そして地球にやさしいものにこだわる、健康意識、環境意識の高い人々が集まる場所で注目されるようになっている。例えば、マクロビオティック関連の店で取り扱われるようになり、宅配野菜販売の「らでっしゅぼーや」その他、徐々にではあるが、着実に販路を広げてきた。

その状態を堀江社長は、航空機を例に「滑走路に出て飛び立ちそうなのに、まだテイクオフできないといった表現をよくするが、バジャンの場合は格納庫からチョコンと顔を出した程度。まだ滑走路に出ていない」と謙遜する。

それはバジャンの潜在力、可能性の大きさに比べるとき、今日までの歩み、そして現在の姿は、あまりにも小さなものとの思いがあるからであろう。

追い風ということでは「日本皮膚学会」がアトピー性皮膚炎や乾燥肌など皮膚バリア機能が低下している人のスキンケアとして、洗剤は界面活性剤の少ないものの使用を指導している。あるいは「地球環境平和財団」がバジャンを地球環境にやさしい洗剤としてその特性を評価し、推奨商品に認定している。

開発面における課題については、「界面活性剤ゼロ」という圧倒的なちがいに比して、洗浄力という面では、圧倒的な差はついていないことを挙げる。開発を担当するＭｉｚでは「できれば健康や環境において抜きんでているのはもちろん、洗浄力においても、他社の追随を許さないような、バジャンの洗浄力が二割アップというものを開発中です」と語っているように、さらなるパワーアップの時を迎えている。

界面活性剤の有害性

いつごろからか、例えば東京などで新聞を取っていると「朝日」も「読売」も、集金のたびに洗剤を置いていく。そんな当たり前の光景からわかることは、洗剤がいかに家庭の主婦にとって、大切で重宝する日用品であるかということだ。

だが、界面活性剤の有害性はかなり知られるようになってきて、そこにビジネスチャンスもあるはずだが、一方で界面活性剤入りの合成洗剤が新聞の景品として大量に配られている間は、バジャンの出番は来ないということか。ライトウエーブの苦労は続いた。

それでも、世界の洗剤の流れは確実に、界面活性剤を使わない方向にある。

「海外の大手洗剤メーカーは、現在の合成洗剤の界面活性剤をどんどん減らしていく方向にあり、いかにゼロに近づけるかを考えている。事実、そう遠くない将来に、そうした洗剤が出てくると思う」と、バジャンの開発を担当したＭｉＺの佐藤文武社長は語る。

実際に二〇〇六年の新年早々の「読売」には「洗剤に国際有害マーク」との見出しで、主要八カ国からなるアジア石鹸洗剤工業会会議で、人体などに影響のある成分を含む洗剤に、有害性を示す国連策定のマークをつけることで大筋合意したとの記事が掲載されているぐらいである。

界面活性剤が汚れ落としに役立つだけならともかく、実は何回濯いでも界面活性剤が残留することによる害が問題にされている。しかも、本来は異物の侵入を防御する役割を担っている皮膚に対して、皮脂を溶かす形で、外界からの防御を無防備な状態にする。その一方で、自然治癒力が働いて、今度は傷を修復させようとする。つまり、傷口を開こうとする界面活性剤の力と、傷口を閉じようとする自然治癒力のせめぎあいが、絶えず皮膚の表面で行われる。

それがアトピー特有のモゾモゾとした痒みにつながるのではないか。アトピーに痒みさえなければ、これほど深刻な事態にはならないはずだが、痒みに耐えられずに掻いてしまう。その結果、ますます悪化するという悪循環に陥ってしまう。その痒みのメカニズムのそもそもの原因になっているのが、合成洗剤や化粧品、シャンプー等に使われている界面活性剤というわけである。

事実「アトピーの人でも界面活性剤を使わなければ治る」と、断言する医師も少なくない。「健康情報新聞」では界面活性剤がアトピーなどのアレルギー疾患を引き起こすだけでなく、近年、若い女性に多い子宮内膜症、子宮ガン、奇形児出産などの原因ではないかと見なされていることから、合成洗剤やシャンプーなどの製品に含まれる界面活性剤の危険性を報じてきた。

例えば、愛知県安城市の「いそべクリニック」の磯辺善成院長は「アトピー性皮膚炎は不治の病ではなく、合成洗剤や石鹸を使わずに、単に軟膏や経口剤を使うだけで間違いなく治癒できるのです」（二〇〇七年十一月十八日）と語っている。

再汚染防止能力

「健康情報新聞」でも「皮膚科がアトピー対策に」という見出しで、横浜市の渡部クリニックの渡部創院長が、この三点セットを採用して、患者に評判がいいと語っている。

有害な界面活性剤を使わない洗剤として、もっともポピュラーなものは重曹を原料とする非界面活性剤系洗浄剤である。昔から重曹には強力な洗浄力と消臭力があることが知られており、今日でもテレビなどで「お掃除の達人」を称する人たちが汚れ落としに、よく利用している。

バジャンも重曹を原料にしているところから、そうした非界面活性剤系の一つと思われがちだが、バジャンがそれら類似の商品と異なるのは、合成洗剤に負けない洗浄力を持つこと以上に、一度落ちた汚れが洗浄槽内で再び衣類に付着することを防止する再汚染防止能力を備えていることだ。合成洗剤が界面活性剤を使うのは洗浄力とともに再汚染防止能力のためだが、バジャンは界面活性剤を使わずに、それを可能にしたからこそ、国際特許を得ることができたわけである。

市場には環境や健康を謳い文句にした無機塩系の洗浄剤が、重曹を使ったものを含めてたくさん出回っている。だが、それらの商品は再汚染防止能力が備わっていないため、洗濯を繰り返しているうちにだんだん黒ずんでくることになる。その意味では、バジャンはまさに界面活性剤ゼロの時代を先取りした画期的な洗剤なのである。

近い将来、界面活性剤ゼロの時代がきたときには、大手洗剤メーカーがライトウエーブのバジャンもしくはそのＯＥＭ商品を扱うことになる。そのとき、ライトウエーブのロイヤリティビジネスなどの可能性も生まれてくるはずである。

それが何時になるかというあたりに、ベンチャー特有の苦労があるわけだが「環境面ではなく、結局は健康それもアトピーその他皮膚疾患の面から、磐石に見えた洗剤メーカーの牙城が崩れ始めるのではないか」と、佐藤社長はライトウエーブにエールを送る。

精神的な拠り所

いまでこそ、社会貢献を謳い、健康意識や環境意識の高い人々に向けたメッセージを送る堀江社長だが、そうした現在の姿は彼の昔を知る人たちにとっては、まったく信じがたいものだという。

一九四六年（昭和二十一年）七月、愛媛県新居浜市に生まれた堀江社長は、どちらかといえば体育会系の生き方をしてきた。学生時代に熱中した日本拳法では、二十二歳のときに日本選手権で優勝。その後も協会の審判長をやるなど、協会幹部としての仕事を続けてきたからである。

亜細亜大学を卒業後、証券会社に就職。調査部に配属された。調査マンを目指したのは清水一行のベストセラー『相場師』を読んで興味を抱いたからだという。在学中、就職のことなどまったく考えていなかった彼は、一冊の就職問題集を買って、にわか勉強して就職試験を受けたところ、何とその就職問題集から問題が出たというのである。

「会社の人はエライ秀才だと思ったんじゃないですか」と他人ごとのように言うが、その結果、証券会社でも難関の調査部に行くことができたわけである。

「非常に楽しいサラリーマン時代を送った」という堀江社長だったが、十年でひとまず退社。健康食品を扱う会社に常務として迎え入れられた。そこでの十年は、北海道から九州まで、医者に見捨てられた人ばかりを相手に儲けを度外視して薬草を売り歩いた。

だが、証券会社の社長からは、その後もずっと「もどってこい」と、声をかけられていた。事実、仕事にやりがいはあっても、当の健康食品会社は典型的な同族経営で、一族以外の役員は彼一人。仕事に励んで実績を上げれば上げるほど、周囲との軋轢が大きくなる。結局、社長になれるわけでもないことから、再び証券界にもどったわけである。

証券業界に身を置き、格闘技に熱中していた堀江社長だったが、三十歳ごろから精神的な拠り所を求めて、精神世界に興味を持ち、実際にその世界の指導者に会いに行ったり、瞑想をやったりしたという。そして、バブル崩壊後の一九九二年、インドの聖人・サイババと出会って、格闘技および証券の世界から身を引くことになったのである。

二〇〇〇年にサイビル・バジャングループを設立。その運営に当たる中で、MiZの佐藤社長との出会いがあり、やがて見せられたのがバジャンであった。その商品を見た堀江社長は「界面活性剤ゼロの洗剤が世界で必要とされているのであれば、誰かがやらなければならない」と思った。そして、「これは自分でやるしかないな」と感じて、二〇〇一年八月、地球環境と人間の健康に寄与する事業を展開するため、ライトウエーブを設立するわけである。ちなみに、バジャンとはサンスクリット語で「神の讃歌」である。

その後、何社かバジャンの可能性に目をつけた上場企業からのアプローチもあった。しかし、バジャンはなかなか売れなかった。

時代背景、そして合成洗剤の市場が全盛である中で、バジャンの認知度がほとんどなかったことなど、いまだ売れるための条件が整っていなかったのである。

利益第一ではなく、マクロビオティック関連の店、らでっしゅぼーやなど、健康意識や環境意識が高い店や組織で扱ってもらうようになって、何とか社会的に認知されつつある。

たまたま、二〇〇八年二月のNHKテレビでは、重曹の特集の中で「界面活性剤ゼロの洗剤」ということでバジャンが登場している。詳しい説明はなかったが、これまでテレビや雑誌の取材が行われても、必ず途中で頓挫したことを思えば、大きな前進である。

三種の神器

その昔、所得倍増の時代に「三種の神器」と言われた家電製品は洗濯機、冷蔵庫、掃除機であった。その後、三種の神器はクルマ、カラーテレビ、クーラーへと変化していったが、時代は変わっても、経済発展する国の主婦が一番初めに購入するものが洗濯機であることはいまも変わらない。そして、洗濯機を使うには、固形石鹸に替わる合成洗剤が必要になる。その洗濯排水が日本のように下水道処理されるならまだしも、下水処理されないまま大量に河川そして海へと垂れ流される。

それをバジャンを使うことで、環境を守ることができるとなれば、これは一企業の特許とか、儲かる儲からないの話ではない。

「本当は洞爺湖サミットで、世界で初めてという界面活性剤ゼロの洗剤が日本にあることを、官民あげてメッセージするぐらいのことをしてもいいのではないか。それでこそ、議長国としての面目を施すこともできる」と、堀江社長はもどかしげに語る。

確かに、バジャンの特許を日本の財産だと考えるならば、一企業が独占しているようなものではなく、一日も早く中国、インドなどアジアの国々、ブラジルその他、目ざましい経済発展を続ける国々で使えるようにするのが、当面のライトウエーブの使命である。

どうしたら、いち早い展開が可能かというとき、零細なベンチャー企業が声を大にしても山は動かない。そんなとき、近道は世界的な企業や研究所を巻き込んでいくことである。事実、彼らの力を使って、世界の洗剤メーカーに提案していく道を現在模索中であり、かなりのところまで行っている。

そのため、このままでは日本より一足先に例えばヨーロッパのほうで注目されて、海外から日本に逆輸入されることも考えられる。実はヨーロッパで六千店舗が加入する自然食品店グループでバジャンを売るという話が、すでに進行しているという。

また、洗濯文化を変えることの難しさがネックになっていることから、日本では大手家電メーカー系列の電器店チェーンにバジャンを置いて、濯ぎ一回に設定した洗濯機とセットで売り出す計画が進んでいる。また、濯ぎ一回のメリットを消費者にわかってもらうために、テレビショッピングでもバジャンと洗濯機をセットで売るというプランもある。

濯ぎ一回の設定ができれば、後は自動的に機械がやってくれる。それが、当たり前の習慣になれば、ちょっとしたことで、大きく変わるチャンスはある。その意味では難しさはあっても、将来は明るいということである。

❖　❖　❖

界面活性剤ゼロ洗剤が売れない不思議

「売れない不思議」と表現しているが、実際には売れていないわけではない。毎年毎年、確実に愛用者を増やしている。

だが、界面活性剤の害については、本文でも指摘している通り。子供に限らず、アトピーに悩む人たちが減る気配はない。

バジャンの安全性は、界面活性剤がいかに危険かということの裏返しだが、だからこそ、多くのアトピー患者を診てきた皮膚科医が推奨する。ライトウエーブとしても、絶対の自信を持って製造販売をしている。

それだけに、堀江琢磨社長に言わせれば「これだけいいものが、何でもっと売れないのか。何でもっと使われないのか」という、そんなもどかしさがある。そこには単純に、いいものだから売れるわけではないというビジネス世界の現実もある。

執筆当時、進行中であったバジャンとセットで使える洗濯機の話にしろ、世界の洗剤メーカーに提案していく道も、さまざまな事情が絡んできて、やがて障害にぶつかるということになる。洗剤・洗濯革命が起これば、消費者も喜び、環境にもよくても、その一方では困る人たちがいて、彼らがビジネス社会では圧倒的な力を持っている。

その結果、現実に売れるのは、例えば大手洗剤メーカーが出す「濯ぎが一回ですむ」という、どこかで聞いたような宣伝文句の液体洗剤ということになる。

大手メーカーが濯ぎが一回ですむ洗剤を出せば、家電メーカーもいままで以上に濯ぎ1回の設定ができる洗濯機を発売するという皮肉な結果になる。バジャンにとっても、いいことのようだが、現実には界面活性剤の害をさらに拡大するものだと、ライトウエーブの堀江琢磨社長は懸念する。

現に、日本食品分析センターの分析結果を見ると「濯ぎが一回」を謳い文句にしている液体洗剤について、濯ぎ一回での界面活性剤の残留量と、濯ぎ二回での残留量は、とても「濯ぎ一回」や「二回」では足りないことがわかる。

つまり、濯ぎ一回での陰イオン界面活性剤と非イオン界面活性剤を合わせた残留量は、大手メーカー液体洗剤の場合は四八〇（μg／g）、濯ぎ二回でも三五〇（μg／g）と、非常に高いものがある。

宣伝文句に誘われて、知らずに使っていれば、これまで言われてきた界面活性剤の害を助長することになる。

大手メーカーが新しく出してくるのは、表向き消費者に受けそうな商品であるが、それらは相変わらず、良心的な医師の主張とは相いれないもののようだ。

前出の磯辺医師は、その後、二〇〇七年の『アトピーは合成洗剤が原因だった！』に続いて、二〇一一年三月、講談社から、同様の主旨の『「洗わない」でアトピーを治す』という本を上梓している。いずれも大量のアトピー患者を治療してきた中での結論であり、界面活性剤いわゆる洗剤を使わないことが、アトピーを治す方法であるという。

事実、磯辺クリニックの指導でアトピーが治った患者は、良くなったからと、ついまたシャンプーや洗剤など界面活性剤の入ったものを使うと、テキメンに症状がぶり返す。そこから導き出された結論が「アトピーは合成洗剤が原因だった！」というわけである。

そんなアトピー患者の願いをくむ形で開発されたのが、界面活性剤ゼロの全身シャンプー「ママプレマシャンプー」である。ライトウエーブの「経皮毒シャットアウト４点セット」の一つとして、アトピーに限らず、お肌の敏感な人には欠かせないアイテムとなっている。

第４話

世界のレーザー治療の先駆け「日本医用レーザー研究所」

大城 俊夫 所長

❖「二十一世紀の医療」レーザー治療のパイオニア
❖大城式中枢優先治療と応用範囲が広がるレーザー治療
❖世界初のレーザー専門総合病院「大城クリニック」

歯科医にかかったことのある人ならば、レーザー治療を体験しているだろう。現在、一般的なレーザー治療はアザやホクロの除去のほか、レーザー脱毛などの美容整形、皮膚科、歯科、眼科、さらには花粉症治療やペインクリニック用にも利用されている。

「世界初のレーザー専門総合病院」を謳う大城クリニックの大城俊夫院長が、一九七五年に日本医用レーザー研究所を開設。自らレーザー治療器を研究・開発し、本格的にレーザー治療に乗り出した。アザ治療を通して、大城所長はレーザーの意外な効用に気づくことで、応用分野を広げていった。

二十一世紀の医療

ＩＴ革命が進行中の現在。光通信や半導体ばかりではなく、工業用から軍事利用まで、レーザー全盛の時代になっている。われわれの身の回りでも、講演などで使うレーザーポインターの他、レーザーディスク、レーザープリンター、バーコードリーダーなど、日常生活のさまざまなところで使われている。

それに対して、医療分野でのレーザーの利用は、まだ始まったばかりであり、他の分野での利用に比べて、かなり遅れていると言われている。それだけに、レーザー治療は二十一世紀の医療技術として注目される存在となっている。

日本医用レーザー研究所（大城俊夫所長）は「世界初のレーザー専門総合病院」を謳う医療法人社団慶光会グループ「大城クリニック」の大城俊夫院長が、一九七五年に開設したものである。世界のレーザー治療の先駆けである日本医用レーザー研究所では、レーザー治療に関する基礎研究と機器開発を行っており、大城クリニックと併せて、同グループにおける臨床と研究開発の両立が図られている。

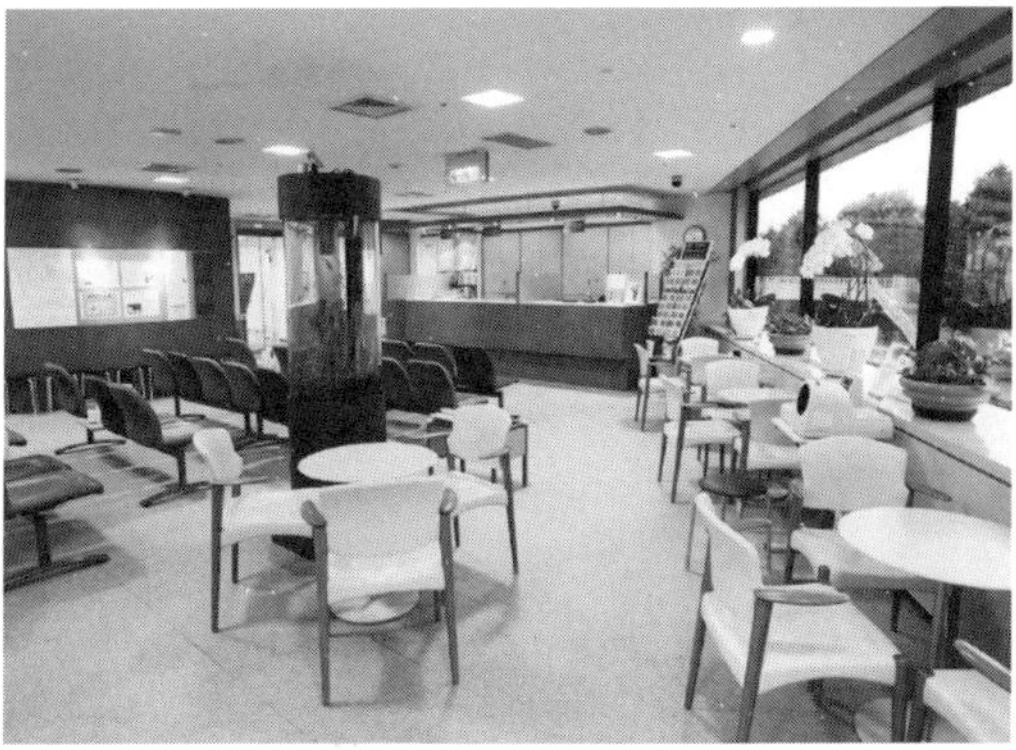
「世界初のレーザー専門総合病院」の大城クリニック

レーザー治療の特徴は痛みや出血が少なく、短期間での治療が可能なところにある。しかも、基本的に副作用がない。これまで、大城クリニックでは約七万例に及ぶ患者の治療に当たってきているが、副作用はまったく見られないという。００７の殺人光線レーザービームではないが、レーザー光というと、一方では危険なイメージもあるが、それはレーザー治療自体ではなく、利用する側の技術や知識不足などの問題というわけである。

一般的なレーザー治療はアザや怪我の処理、レーザー脱毛などの他、アンチエイジングを含めた美容整形分野で盛んであり、最近は花粉症治療や歯科での利用が進んでいる。その一方で、医療の中心分野での利用は、特に日本ではかなり限定的なイメージがある。

とはいえ、古来からの医療の歴史を見るとき、レーザー治療の起源は、古代エジプト、ギリシャなど、要は人類の誕生および生存に欠かせない太陽の存在そのものにある。事実古くから多くの先人たちが、人工的に太陽の光を手に入れようと取り組んできた。そして十九世紀末に、デンマークのフィンセンがカーボンアークライトを考案し、皮膚結核の治療に成功。その功績により、一九〇三年にノーベル医学生理学賞を受賞している。

カーボンアークライトを使った光線治療は日本でも明治末から大正、昭和にかけて、全国で盛んに行われた。その効果から「医者いらず」とまで言われたが、戦後、西洋医学による薬物療法、対症療法が主流になっていく中で、なぜか医療の現場、表舞台から姿を消していった。

だが、西洋医学の限界ともいえる薬物療法や対症療法への反省から、最近は医療の在り方そのものを見直す動きが起きており、病気を身体全体の問題として捉える医療の必要性から、欧米では「医聖ヒポクラテスに帰れ」と言われるようになっている。そのヒポクラテスが行った治療でもっとも有名なのが日光療法であり、その意味ではかつての光線治療の現代版こそが、レーザー治療とも言えるわけである。

病気に助けられる

普段、何気なく使っているレーザーの語源は「輻射の誘導放出による光の増幅」を意味する英語の頭文字（ＬＡＳＥＲ）を合成した造語である。特殊な装置を使って発生させる人工的な光であり、一言でレーザーといってもいろんな種類のものがある。

現在の医療用レーザーは大きく分けると、三種類ある。一つがレーザーメスに代表される鋭くて高熱の光線によって体を切る、あるいは焼き切る高出力の外科的レーザー（高反応レベルレーザー・ＨＬＬＴ）、破壊型レーザーである。

二つ目が低出力の内科的レーザー（低反応レーザー・ＬＬＬＴ）で、こちらは四〇℃以下の肌に当てても何も感じない程度の弱い光である。レーザー光を当てられた組織は四〇℃以上になると破壊されるのに対して、四〇℃以下では逆の反応を示す。つまり、組織や細胞が活性化し血液循環が良くなるなど新陳代謝が高まることから、光活性化型レーザーと呼ばれる。

もう一つが、両者の中間にある最新式の光融合型レーザー（中反応レベルレーザー・ＭＬＬＴ）である。

アザやシミなどの治療にはＨＬＬＴとＬＬＬＴの両方が使われ、痛みや婦人病などにはＬＬＬＴが主に使われる。また、ＭＬＬＴは花粉症などの治療に用いられるなど、それぞれの特徴を考慮した形で、さまざまな治療が行われる。

形成外科の立場からレーザー治療の世界に取り組んできた関係で、大城クリニックでは現在でもアザやキズ痕などの治療が多いが、それ以外のあらゆる疾患の治療に取り組んでいる。レーザー専門総合病院として、レーザーを用いたペインクリニック、花粉症、不妊治療などに顕著な効果を上げている。

日本だけでなく、世界のレーザー治療の第一人者である大城俊夫所長は、一九三九年十二月、沖縄県那覇市で生まれた。もともと琉球の王である尚家の流れを汲む家系で、祖父は首里城などを造った宮大工だった。その長男である父親は成績優秀だったこともあり、家業を継がずに外科医になった。

やがて太平洋戦争が始まり、四歳のとき、彼は沖縄から軍艦で島根県に疎開した。そのとき赤痢にかかっていたため、予定していた最初の船に乗れず、次の船で島根に渡ったのだが、このとき彼が乗る予定だった最初の船も、彼が乗った船の次の船も敵の魚雷を受けて沈没してしまった。

「最初の船に乗っても後ろの船でも死んでいた。その間で助かった。ですから、赤痢のおかげで生きることができたんです」と、意外な戦争秘話を語る。

そういう時代とはいえ、まさに病気に命を救われた彼にとって、医者になるのは、必ずしも医者の家に生まれ育っただけの理由ではない。

一九六五年、慶應義塾大学医学部を卒業。長男と次男は外科医、三男は整形外科医、長女は内科医に嫁ぐという環境の中で、兄姉とは異なる分野へということから、慶應義塾大学医学部形成外科に入局。形成外科は、宮大工だった祖父の血を引いて手先の器用な彼には打って付けだった。

押しかけ留学

「形成外科というのは、整形外科があるため紛らわしいのですが、本当は再建外科としたほうが良かった。再び造り直して、元の体に近い状態をつくるのは、われわれ形成外科の仕事です。まあ、形成外科では腕の立つほうだと思いました」と、振り返る。

医者になって二年目のとき、国内留学先の大学病院で、米国ハーバード大帰りの名物教授が彼の手術の腕に惚れ込んで助手を務めたというエピソードがあるぐらいで、その腕前はテレビや映画に出てくる「神の手」のイメージそのもののようだ。

ある大学での手術後、再発した皮膚ガンの手術では、顔面の半分近く、側頭部も外耳道もゴッソリ切り取った後、すべて再建。耳もシリコンでつくって、メガネをかけられるようにしたこともあった。

だが、難しい手術を成功させても、手術後の皮膚はどうしてもパッチワークのようになってしまう。そこで、七二年には慶應義塾大学病院の特殊外来に「カラークリニック」をつくり、皮膚科ばかりでなく、各科で行っているアザの治療法をすべてピックアップして、総合的なアザの治療法を研究し、効果的な治療を模索していた。

「しかし、ある程度の成果は得られるんですが、何というか、お粗末なんです。いわば大工仕事としては満足できても、宮大工のレベルまでいかない」

そんな思いでいたとき、たまたま昔読んだ本に「皮膚を墨で塗って、そこにレーザーを当てると、墨だけが燃える」との実験結果があることを思い出した。そこで、肌を傷つけずにメラニンなどの色素を選択的に取り除くにはレーザーの特性を利用するしかないと悟った彼は、最先端のレーザー医学を学ぶため米国シンシナティ大学のレーザー研究所のレオン・ゴールドマンに手紙を送り、一九七四年、アメリカに飛んだ。

オイル・ショック後の留学の難しい時代ということもあって、いわば押しかけ留学であった。皮膚科でレーザー治療をやっていたゴールドマンのもとに半年ほどいた彼は「自分がやれば、もっとうまくいく」と確信して、まずはレーザー治療器を買って帰ることにした。

ところが、レーザー治療など、ほとんどやっていない時代である。いったん帰国して、お金の工面などの手筈を整えて、再度渡米する間に、レーザー治療器の製造会社が倒産。やむなく、彼はルビーレーザーの考案者として知られるメイマンがつくっていた工業用レーザーを日本に持ち帰った。そのため、ゴールドマンが使っていたレーザーと大城所長が使ったレーザーはまったくシステムが異なっている。現在の日本医用レーザー研究所で開発される治療器は、もともと物理の専門家ではない彼が独自に設計し、改良を加えていったものである。

患者に教わる

アメリカからレーザーを持ち帰った大城所長は、一九七五年に形成外科医を求めていた静岡赤十字病院に出向。同年五月、静岡に日本医用レーザー研究所を設立。形成外科医として腕を振るう傍らレーザー治療を始めた。

当初はアザの治療に取り組んでいた大城所長が、やがて痛みの治療からさらには不妊治療、花粉症治療などへと、応用分野を広げていくことになるのは、ある患者との出会いからであった。

まだ、外科的レーザーを使って、アザや色素沈着の治療を行っていた一九七八年。赤アザ（血管腫）のある五十七歳の女性患者の治療にレーザーを照射していたところ、彼女が五年ほど苦しんでいた帯状発疹後の肋間神経痛が治ってしまったのである。

しかも、彼女の赤アザ治療には意外な理由があった。帯状発疹後の肋間神経痛の痛みは息をするのも辛いということで、頸部の交感神経をブロックするため、辛い注射を命がけの思いで受ける。だが、五年で三百回目の注射をしても改善の兆しすらないため、ついに彼女は飛び込み自殺を決意。ふと、死んだ後のことを考えると、胸の赤アザが気になり、赤アザを取ってから死のうと大城クリニックを訪れたわけである。

ところが、一回目のアザの治療で胸の痛みが薄らいで、二回目の治療でアザが消えると同時に、夜も眠れないほど痛かった肋間神経痛もすっかり治っていた。大喜びで打ち明ける彼女の話にビックリするとともに、大城所長はレーザー治療のさらなる可能性を確信した。つまり、アザの部分を照射していたレーザーが体内散乱し、かなり弱まって神経部分に到達したため、何らかの生体反応を引き起こしたのではないかというわけである。

当時は、現在の内科的レーザーの治療および研究に取りかかる前で、低出力のレーザーは痛みの治療に効果があるようだと薄々感じていたころであった。他にも、レーザー治療をやっているうちにアトピーが治ったり、火傷のためケロイド状になったところもレーザーで治るなど、さまざまなケースがある。

「アザの治療の面白いところは、患者が自分の目で変化を確認できることです。ですから、患者と相談しながら治療をしていると、患者が教えてくれるんです。その延長線上に、アザ以外の影響や変化を教えてくれる。その意味では今でいうインフォームドコンセントを、すでに当時からやっていたわけです」と、大城所長は患者の声に耳を傾けることの重要性を語る。

美しく華やかに

石の上にも三年ならぬ、三十年を超える長年の日本医用レーザー研究所のレーザーに対する取り組み、その歩みはまさにベンチャーそのものである。

三十年という長さについて、大城俊夫所長は「こんなにかかるというよりも、この世界はまだまだ奥深い。わからないこと、あるいは興味深いことがいっぱいある」と語り、一例としてメキシコではレーザー治療によってある患者の白髪が黒くなったケースを挙げる。

理論的には脳血流を増やせばいいわけで、医学的に因果関係を検証して、本格的に取り組めば、白髪のみならずハゲの治療にも役立つ。その意味では、かなり儲かりそうだが、形成外科医が始めることでもあるまい。

事実、ビジネスを考えれば、儲ける材料はレーザー技術周辺にはごまんとあった。

「私がレーザーを始めたときから、光ファイバー技術、あるいはセンサー技術など、レーザーの周辺にはお金の儲かる材料がいっぱいあった。特に、情報分野にはベンチャービジネスの芽がたくさんあることもわかってましたが、私は医者ですから、儲かる分野ではなく、生命現象のほうを追究していきました」

と、振り返る。

大城所長がそう語るのも、世界のレーザー治療の黎明期に、日本医用レーザー研究所の周辺でも金儲けに目ざとい連中が、そちらの分野で成功するのを目にし、日本を代表する企業から同研究所の技術を掠め取られるなど、その先駆けとして、多くの苦労を経てきたからである。

「形成外科というのは、内容的には再建外科なんですけど、現状は形をつくってあげたところで終わっていた。だけど、形だけ成ればそれでいいのかと考えたとき、ケロイド状に盛り上がった手術後の傷痕、パッチワーク状になった皮膚のままでは、治したことにはならないと思う」

そんな慶應義塾大学医学部内局での形成外科時代に抱いた思いからレーザーに着目。アメリカ留学したことは、すでに紹介した通りである。

現在の大城クリニックのモットーは「健やかに美しく華やかに」というものである。華やかにという部分まで行かないと、彼の美意識が許さなかったのだろう。確かに、いろんな意味で華やかに生きなければ、人生はつまらないものになるからである。

中枢優先説

一九七五年に独自のシステムでのレーザー治療を静岡日本赤十字病院でスタートさせた当時、静岡県に形成外科医は一人という状況の中、鳴り物入りで赴任した彼は一カ月もしないうちに、一年分近い患者を集めたという。引く手あまたの彼に手術をしてもらうことは、患者にとっては幸運なことであった。

そこで「手術もいいけど、レーザーで治療すると、もっとうまくいくかもしれない。失敗しても、ちゃんと手術をし直して上げるから大丈夫」というと、患者は喜んで治療に協力してくれたという。

いわば臨床のための実験台のようなものだが、もちろん事前に鶏の鶏冠にレーザーを当てて、ちゃんと色が取れることを確認し、自分でも手や腕で実験して、このレベルなら大丈夫だと確認した上でのことだ。

とはいえ、当時の技術は現在とは雲泥の差がある。一つ一つ、患者と相談しながらやっていくうちに、彼らから意外な効果があることを教えられるわけである。

一九七七年には東京・麹町に日本医用レーザー研究所を移転。同時に大城クリニックを開院した。本格的なレーザー治療のために、独自のレーザー治療器を開発。その第一号が一九八一年から松下電気産業（現・パナソニック）と共同で製品化に取り組んできた、半導体レーザーであった。

さらに改良を加え、医療用治療器として厚生省（当時）の許認可を受けるなど、レーザー治療器の開発、普及にも貢献している。

八七年にはレーザー活性化治療に関する本を英国で出版。大きな反響を呼んだことから英国の医学雑誌『レーザーセラピー』を創刊、初代編集長に就任した。それが国際学会をつくる動きになり、国際レーザー治療学会が誕生、彼が初代会長に就任している。

九四年には東京・信濃町に移転し、レーザー専門総合病院への歩みを続ける。レーザー治療が当初、対象としていた形成外科から医療全般へと、その応用範囲を広げていくきっかけになったのは、アザの治療中に長年苦しんでいた肋間神経痛が治ったことからである。そして、レーザーメスで治療した箇所がブツブツ盛り上がって赤アザになっている患者に、レーザーで治療していたところ、その盛り上がりが消えるのを見て、弱い光の内科的レーザー（ＬＬＬＴ）には「熱以外のプラスαの影響がある」ことを実感していくわけである。その後もアトピー性皮膚炎やアレルギー性鼻炎治療、不妊症治療、美容外科、スポーツ医学へと、次々と治療分野や応用の範囲を広げていった。

その意味では、すべて順調に来たレーザー治療だったが、レーザー治療を始めて十年近くたったある日。ヒザが痛いという知人をレーザーで治療していたところ、かえって悪化してしまったことがあった。対症療法を原則とする西洋医学では通常、ヒザが痛いとなれば、そこに局所麻酔を打つ。同様に、大城所長もヒザにレーザーをかけていたところ、猛烈な痛みに知人がはいつくばってしまったのである。

「これは大変なことになった」と、真っ青になった大城所長が、あらためてどこが悪いのか調べたところ脊髄間に狭窄が見つかった。「もしかして、ここに問題があるのか」と、そこを治療すると脊髄間の狭窄が治ると同時に、ヒザの痛みが消えてしまった。

「これにはビックリしたなあ」と、大城所長は当時の驚きを語る。結局、神経組織は脳とつながっているため、ヒザを治したつもりでも脳では慢性の痛みが常態になっており、そのヒザの状態が改善されたことを感知しなかったのだ。同時に脊髄間の狭窄が改善したことで、あらためてヒザの状態を脳が感知できたことから、ヒザの痛みも消えたわけである。

その体験がやがて、体はすべての部分がつながっており、痛みの治療は問題の各部位だけではなく、まずは頭部の血行を良くする治療を行う必要があるとの大城式中枢優先治療を生むわけである。

レーザー専門総合病院

女性には美容整形の分野でおなじみのレーザー脱毛も、もともとは大城クリニックから始まっている。それが大城式レーザー脱毛「マイルドエピラシオン」である。

頭部の治療をした患者の顔が赤くなり、肌がみずみずしく、クスミが取れてくるのを見て、内科的レーザー治療にはカラダの内側から美肌にする効果があることを知り、フランス語で若返り術を意味するレーザー治療法「ラ・ジュネッセ」を開発。それがいわゆる老化を抑えるアンチエイジングの先を行く、老化しないどころか、逆に五年、十年若返るレーザー治療法として、現在の大城クリニックの売り物の一つになっている。

子宮や卵巣を若返らせて妊娠率を高めるレーザー不妊治療を始めたのも、二人の女性の腰痛を治療していたことからで、両人とも閉経後の生理が復活してしまった。その事実をもとに、山王病院と大城クリニック間で難治性不妊症に対するレーザー治療プロジェクトを立ち上げて、四年間で七十四名の患者を治療した結果、十六名が妊娠した。この妊娠率は難治性不妊症患者に対する妊娠率としては驚異的だったことから世界の学会でも報告、二〇〇六年に日本レーザーリプロダクション学会が誕生するなど、不妊症の有効な治療法として認知されるようになっている。

レーザーのペインクリニックへの応用から次々と治療分野、応用範囲を広げていった大城クリニックでは、アザ・シミなどの皮膚のレーザー治療をはじめ、医療レーザー脱毛、ラ・ジュネッセ、形成外科・美容外科手術、痛みのレーザー治療、不妊症・更年期障害、アレルギー性鼻炎、さらには典型的な現代病である花粉症など、レーザー専門総合病院としての機能と設備等を充実させている。

今後もレーザー治療の先端技術の開発、提供を続けていくことを宿命づけられている日本医用レーザー研究所として、やらなければいけないことは数々ある。

例えば、現在のガン治療は放射線などレーザー照射を行い、ガン組織を破壊する方法が主流だが、大城所長は内科的レーザーの弱い光による創傷治癒力（自己治癒力）に注目。「レーザーの特徴の一つである創傷治癒力により、ガンをコントロールできるのではないか」と興味深い可能性を語る。

人間をはじめとする生体は、病気や怪我をしたときに、平常時とは異なる創傷治癒力が働く。実際に、医療の現場で病気や怪我を治す力を考えたとき、その創傷治癒力が一番強い。その創傷治癒力は内科的レーザーをかけると、倍になる。実際に手術した後、患部を縫い合わせると、通常は抜糸するのに一週間かかる。それがレーザーをかけると、四日で抜糸しても剥がれない。つまりは、創傷治癒力が倍加したということ、自ら治ろうとする力が強くなった結果である。

その力は、当然ながらガンの治療にも使えるはずだというところから、創傷治癒力に着目したガン治療の実験をすでに行っている。

「切り取ったガンの腫瘍を体に植えて、縫い合わせておくと、ガン細胞はどんどんどんどん増えていく。ところが弱いレーザーをかけると、ガン細胞がどんどん小さくなる。創傷治癒力のためだが、そのままにしていると創傷治癒力が弱まり、二週間ほどで再びガン細胞が増えてくる。その時どうするを考えれば、ガンをコントロールできる。残念ながら雑用が多くて、実験の時間がない」

と、研究者としての悩みを漏らす。

ルネッサンス

レーザー治療にもいろんな可能性が見えてきて、二十一世紀はメディカル・レーザー・ルネッサンスの時代になると信じられている。

大城所長はその第一人者として、世界レーザー治療学会名誉会長、日本レーザー医学会副理事長など、当初から世界のレーザー学会に関わり、日本のレーザー学会の推進役を担ってきた。

そんな一つが、世界各国のレーザー学会の成果である医療資源を世界に分配することで、人類の福祉と健康に貢献する場として設立された世界レーザー医学会連合会であり、同連合会と連動する形での節血運動である。

レーザー治療は内科的な治療はもちろん、レーザーメスを使った外科的な治療であっても、従来のメスの代わりに、レーザーメスを使えば、手術時の出血量を約三十分の一にすることができる。そのため、従来は輸血が必要とされた手術においても輸血の必要がなくなるなど、レーザー治療そのものが医療面での節血運動に直結し、節約した輸血用の血液を本来の目的である血友病や白血病用に使用することができる。

献血運動を側面から支援するだけではなく、B型、C型肝炎、エイズなどの血液感染症の予防にもつながる。さらに、出血が少ないため、ガンの転移を抑制できるだけでなく、ガン細胞以外の組織や臓器の切除を最小限に抑えることができる。

同連合会における節血運動にも大城所長は世界レーザー医学連合会の事務局長として、積極的に取り組んできた。

そうした動きの中で、医療の世界におけるレーザー治療を取り巻く環境も確実に変化している。

レーザー治療は今後ますます「二十一世紀の医療」として注目されていくはずである。

❖　❖　❖

『三十年の歩み』

日本医用レーザー研究所の大城俊夫所長と、初めて会ったのは、チャーモロジー研究家の琴音亜紀さんの案内で、ある血液関係のシンポジウムに出かけた時である。終了後の記者会見の場で、何かジャーナリストとして関連質問をしてほしいと言われて、質問のついでに「私はベジタリアン（マクロビオティック）なので、病気になるつもりはなく、実際に医者のお世話になることもない。医学の研究も大事だが、一見して科学とは無縁のように見える食の重要性にも着目してほしい」というようなことを言ったところ、大城氏の周辺には、何人ものベジタリアンがいるという、そんな話をしたことがあった。

その後、折りにふれてさまざまな資料が届いていたが、あるとき『三十年のあゆみ』の資料集を見て、そのレーザー治療の取り組みの歳月の長さに遅ればせながら驚いたのが、ベンチャーとしての大城クリニック（日本医用レーザー研究所）に興味を覚え、取材対象として見た最初であった。

その足跡は「慶應義塾大学医学部という後ろ楯があっても、なお三十年かかるのか」というのが率直な印象であり、そこにはまさに日本の典型的なベンチャーの一つの姿があったからである。

しかも『三十年の歩み』を見ると、レーザー治療が始まって間もない、三十年以上前、私がかつて編集部で記者をしていた光文社の月刊「宝石」でも紹介されており、後日、作家・佐賀潜の息子で光文社の名物編集者であった松下厚氏（故人）が、大城所長の慶應義塾大学の後輩で、懇意にしていたことを知り、意外な縁があることにも驚いたものだ。

もともと、私の「ベンチャー発掘」は、長年、不思議な人との縁、出会いの中で続けることができたわけだが、大城所長との関係もまた、そうした一つというわけである。

そんな個人的な思いは別にして、日本のレーザー治療のみならず、世界のレーザー治療の先駆けでもある日本医用レーザー研究所だが、一般的なレーザー治療の世界ではもっとビジネスのうまいグループが日本の第一人者のような顔をしている。

そんなこともあり、「いまさらベンチャー発掘でもあるまい」と思いながら、あえて紹介したわけだが、そのときの思いは、やがてレーザー治療関係者がノーベル賞を受賞するとき、その一人は大城所長のはずだと信じてのことである。

それは私の勝手な思い込みかもしれないが、二〇一一年五月に『三十年のあゆみ』に続いて『三十五年のあゆみ』が届いて、その国際的な活躍ぶりを見ながら、あらためてその思いを強くしている。

第5話

世界容器革命を仕掛ける「悠心」

二瀬 克規 社長

❖ヤマサの「鮮度の一滴」の袋式容器を開発
❖紙・ペットボトルに続く二十一世紀の密閉容器
❖中小・零細企業向けの低価格新機種を販売する

ヤマサ醤油のヒット商品「鮮度の一滴」は、開封後も空気に触れず、酸化しないため、鮮度が保たれる。それを可能にしたのが、悠心の二瀬克規社長が開発した袋式容器PIDである。

ペットボトルに替わる新容器で〝醤油革命〟を起こした技術は、醤油に止まらず、さまざまな分野での容器革命を引き起こす可能性がある。

鮮度の一滴

食べるラー油がブームになっているが、その前には食べる醤油が脚光を浴びたこともある。醤油の歴史は古く、日本人の食文化とは切っても切り離せないが、近年は食の洋風化が進む中で、醤油の世界も様変わりしているということか、玉子かけ御飯用の醤油やアイスクリームなどにかけるスイーツ醤油などという形で進化を遂げてきた。その結果の食べる醤油ブームであるが、味噌同様、醤油も〝生もの〟であり、本来は鮮度がおいしさの一番の条件である。

だが、現実には醤油は開封した瞬間から酸化が始まる。工場の出荷の段階では薄くて赤い感じの液体が、いつしか黒っぽい一般的によく見かける醤油になっている。それを当たり前と思っていた市場に登場してきて、ちょっとした「醤油革命」を起こしつつあるのが、二〇〇九年八月、ヤマサ醤油が関東地方で先行販売し、二〇一〇年二月から全国展開を始めた「鮮度の一滴」特選醤油シリーズである。

そのセールスポイントは、酸化を防ぐ真空保存容器を使っていることだ。
「鮮度の一滴」は独自の袋式容器ＰＩＤ（パウチ・イン・ディスペンサー）で、一見シャンプーのような包装容器の中に、特殊なフィルムでできた醤油入りの袋が入っている。注ぎ口は薄い二枚のフィルム膜でできていて、容器を傾けると醤油が出てきて、注ぎ終わると、注ぎ口にわずかに残った醤油が膜の間を埋めることで空気を遮断、酸化を防ぐという仕組み。真空状態のため、常温でも約七十日間、品質を保持できる。

大ヒット商品「鮮度の一滴」（左）と、それを支える新容器 PID

発売当初には、スーパーの店先に明らかにこれまでの醤油のイメージとは異なる容器の「鮮度の一滴」が、ずらっと並んでいた。同時に「嫁と姑の空気」編と題するドラマ仕立てのテレビＣＭが盛んに流されていた。

ＣＭでは台所で夕食の支度をしている姑が見慣れない容器に入った醤油を見つけて「あら、また醤油かえたの?、あなたホントに空気読めないわね」と小言を言うと、普段は姑の小言に閉口してばかりの嫁が、いつもとはちがう様子で「いえ、空気に触れないだけです」としたり顔で言い返すというもの。空気に触れない新容器を採用した「鮮度の一滴」シリーズは、嫁と姑の間に流れるギクシャクした空気をも変えてしまう画期的な商品というわけである。

そんな「鮮度の一滴」シリーズを見て、あるいは実際に使ってみて、かなりヤマサ醤油ファンが増えたはずである。事実、「鮮度の一滴」シリーズは「日経トレンディ」の二〇一〇年ヒット商品ベスト三〇の十六位にランクインしている。

そこにはヤマサ醤油の名前しか登場しないが、実はこの新容器を開発したベンチャーこそが、新潟市三条市にある悠心㈱（二瀬克規社長）である。悠心は新容器の中核技術をヤマサ醤油が採用したことから注目され、二〇一〇年には独立行政法人新エネルギー・産業技術総合開発機構（NEDO）が推進している平成二十二年度「イノベーション推進事業（研究開発型ベンチャー技術開発助成事業）」に採択された他、JVA2010創業・ベンチャーフォーラム推進委員会委員長賞（ベンチャー部門）、中小企業研究センターの第44回（平成二十二年度）グッドカンパニー大賞を受賞している。

おいしい醤油

「なぜPIDを使った新容器が醤油なのか」は、二瀬克規社長が大の醤油好きだったからでもある。スーパーなどで売っているペットボトル一リットル入りの醤油を、少人数だと使い切るのに、二〜三カ月かかることもある。新しいうちはおいしい醤油も、開封後一月程度で、色が濃くなり、風味も劣化する。

フィルムを使った液体包装容器等の研究開発・製作・販売に携わる中で、いつの頃からか「おいしい醤油を味わえなくなった」と感じていた二瀬社長は、研究者としても、つくりたての醤油のおいしさをいかにしたら味わえるかを追求してきた。それが、要するに空気をシャットアウトする逆止弁の原理を応用したＰＩＤ容器である。

「おいしい醤油が欲しい」という二瀬社長の思いから生まれたことから「実は自宅では試作したプロトタイプのＰＩＤ容器を使って、私だけは新鮮なおいしい醤油を味わっていたんです」と、そのこだわりぶりを語る。

一方、ヤマサ醤油にとっても「酸化しない醤油」はメーカーとして追求すべき最大の課題であった。ヤマサの人間にとって、醤油と言えばできたての鮮度のいい「赤い醤油」である。ところが、家に帰ると、どこでも見かける黒っぽい醤油が待っている。「おいしい醤油は赤い」ことを知っているメーカーの人間にとっては、何とも残念な現実がある。

しかも、ヤマサは「透明感のある鮮やかな赤み、香り立ちの良さ、後切れの良い味」が特徴で、業界トップのキッコーマンが家庭用に強いのに対して、昔から業務用の分野に強いことで知られている。

だが、一六四五年（正保二年）創業のヤマサ醤油は、歴史が古いばかりではなく、一八八五年（明治十八年）には日本で最初のソースを販売していることでもわかるように「伝統は革新の連続なり」との社是を持つ企業である。その意味では、業界に先駆けて「鮮度の一滴」シリーズに一ベンチャーの技術を採用し、共同で新容器開発に取り組んだのも偶然ではない。

フィルム弁

醤油に限らず液体の容器は、歴史的にガラスビン、缶、そして紙容器、ペットボトルという具合に展開してきている。

「紙容器のテトラパックが登場したのが六十年ほど前、その十年後にペットボトルが登場してきて、ふと考えると、それから新しい容器は出ていないんです。唯一出てきたのが、袋状の容器で、四十五年程前に出ている。そろそろ、新しい容器が出てきてもいいはずだろう」と、二瀬社長は研究者としての開発の動機を語る。

というのも、既存の容器は素材が異なり、使い勝手は良くなったとしても、液体容器としての本質的な問題を何ら解決していない。

どれも開封後のことは考えていない。ただ「使った後はキャップをしてください」というだけで、いかにも能がない。

理想的な容器は開封後も密封容器としての機能が備わっているものであり、それこそ食品・飲料業界に限らず、液体容器を使うあらゆる業界の課題であった。とはいえ、簡単にはできないからこそ、五十年近く画期的な新容器は登場してこなかったわけである。

その理想の姿に一歩近づけたのが、小袋の登場である。液体袋を小型化して、一回使うごとに開封することで、常に新しい状態で使用できるという単純な発想だが、技術革新の面からは、これといった完璧なものはなかった。

「その小袋のように、使うごとに開封して、使用後も容器には密封状態のものがたくさん残っている。そんなものはできないかなと考えているうちに、液体用の袋に逆止弁をつければいいのではないかと思ってやってみるのですが、その逆止弁が問題で、信頼性の高い逆止弁がない」と、苦心の一端を語る。

確かに、袋に逆止弁をつければ、中身の液体が外に出ることによって、袋が変形し小さくなり、中に空気が入らない。原理的には簡単だが、完全な逆止弁がないことから、最初はボールタイプを応用したこともあった。このタイプの原理は普段はボールが重力によってパイプの先端を塞いでいるのだが、傾けると転がって、パイプの先端から中の液体が流れ出すというもの。ところが、醤油は結晶物のため、乾くと固まってボールが動かなくなる。

いろいろ試していると、ボールタイプは丸いボールが面というよりも、先端のボール受けの部分と、いわば線で接することにより、中の液体を止めており、面に比べると完全ではない。線ではなく面で捉える必要があることから、何とか面でフタをすることはできないかを考えたという。ところが、そんな便利はものはどこにもない。試行錯誤を繰り返していたあるとき「どうせ、中身は液体なんだから、その液体でフタをしたらどうか」と考えて、やってみたところ、できあがったのがフィルム弁である。

液体を注ぎ口の面に充満させれば、それがフタになり、キャップの役割をするのではないだろうか。同時に、中身が出るときにはフレキシブルに、フワーッと広がらなければならないため、変形しやすい素材ということでフィルム弁にたどりついたわけである。

できてしまえば当たり前のようだが、どこかからフタを持ってくるのではなく、中身の液体自体にフタの役割をさせるという、逆転の発想である。

アンプルカット

現在、使われている紙カートンは、もともとはスウェーデンのテトラパックの技術で、ペットボトルはアメリカのデュポンが開発した技術を使っている。その点、悠心のＰＩＤ真空包装容器は日本発の新容器であり、画期的な容器革命を促す可能性がある。

実際に「鮮度の一滴」シリーズが市場に投げかけた本当の醤油のおいしさと、そのための容器の重要性から、調味料メーカーなどでも入れ物の工夫が加速している。二〇一〇年九月には、さっそくキッコーマンが逆止弁キャップ付きの容器に入った「いつでも新鮮・しぼりたて生しょうゆ」を発売。明らかにヤマサの「鮮度の一滴」シリーズを意識したものだとわかる。

ヤマサの「鮮度の一滴」に対抗する袋包装でのキッコーマンの参入について、二瀬社長は「大歓迎」との立場を取る。

「業界トップのキッコーマンが手掛けたということは、醤油メーカーの一、二番手が、プラスチック包装に逆止弁をつけて鮮度を保つという考え方を認めたということです。少なくとも、こうした類似品が出ることはありがたいことです」

確かに、ルイ・ヴィトンの紛い物が出て、ルイ・ヴィトンの価値が上がる。同様に、トップ企業が手掛けたことによって、ローカルな商品ではなくなったともいえる。もし、ヤマサ醤油一社しか採用しないとなると、いくらいいものでも、ソニーのビデオ「ベータマックス」の二の舞を演じる可能性もある。

二〇〇七年七月創業の悠心は、フィルム包装、液体自動充填機などの製造・販売をしている一部上場企業（大成ラミック）の常務取締役を最後に五十八歳で独立した二瀬社長が、かつての提携先企業で働いていた研究・開発仲間三人と設立したものである。

本社が新潟・三条市にあるのは、二瀬社長以外の三人が新潟出身で、そのうちの二人が三条市に住んでいたため。「多数決で本社を三条市に置いた」と、冗談めかして語るが、結果的に製造工場を持たず、研究・開発に特化したファブレス企業にとって、安心して製造委託できる工場に恵まれている燕・三条という環境は、悠心にはうってつけであった。一般にはなじみのない悠心だが、同社のヒット商品の一つが、アンプルカットというミシン目が入った液体用の袋を製造する装置をつくっていること。現在では納豆醤油用の小袋にミシン目の入ったものがあるが、あの技術である。小袋が簡単に破れて手が汚れずに醤油をかけることができる。

社名の由来

目立たない技術とはいえ、従来のビンやペットボトルに替わる新しい容器の登場は、液体包装容器に関する、ちょっとした革命を促しつつあるが、「鮮度の一滴」について語るには、悠心の設立、特に二瀬克規社長の三十四年間のサラリーマン時代に逆上る必要がある。

もともと「悠心」という社名が生まれたいきさつが、ベンチャー精神旺盛な二瀬社長のサラリーマン時代を象徴している。五十八歳のときに大成ラミックの常務を最後に独立を宣言したところ、当時の木村登社長から「独立するなら、自分が金を出す」と出資を持ちかけられた。ありがたい話ではあるが、それでは子会社と変わらない。

断ったところ、木村社長なりに彼の前途を心配してのことだろう、社名を考えてくれた。それが「悠心」である。悠の意味は、一般に遠く長くして尽きない、ゆったり、のんびりといったところである。木村社長の思いは「いままでは良くやった。これからは悠々自適でやってくれ」というもので、本音は「もうあんまり暴れるなよ」ということらしい。一九四九年、北海道の日高地方で生まれた二瀬社長は、その後、札幌で育った。「比較的独立心が強い人間なんで」と自ら語るように、ガキ大将だった子供のころから、人に首根っこを押さえられるのが大嫌いだった。父親は立派な人だったというが、いわゆる大人の世界の矛盾に、子供ながらに疑問を感じていたからだろう。何かと逆らうことが多く、自分を理解してくれる先生にめぐり合うと、勉強をするのだが、逆に嫌な先生に当たると勉強をしない。

そのため、団塊の世代に生まれた彼は受験地獄といわれた時代に受験勉強もせず、高校、大学に進学した。高校はどうせなら先輩のいない一回生がいいと、札幌にできたばかりの東海大学の付属高校に入学。一年生しかいないのだが、なぜか年上の同級生のいるクラスになったり、普通は体験できない貴重な学園生活を送った。卒業するころには大学の札幌校ができて、ここでも彼は一回生として、先輩のいない学生生活を謳歌する。

クルマ、特にバイクが好きだったため工学部機械科に進学。夜のススキ野でアルバイトをしたり、卒論制作では上から与えられたテーマではなく、仲間を集めて自分たちで「サンドバギーの研究」というテーマを決めて、実際にクルマを作り、タイヤと路面の関係やトレッドパターンの研究を行った。そんなさまざまな経験がいまに生きていると語る。

研究の力

大学卒業の一九七二年は、工学部ということもあり、就職先は今とちがって引く手あまた。一流企業への就職も夢ではなかったが、独立心が強く、頭を下げるのが嫌いな彼は大手企業ではなく、自分の活躍できる余地の多い中小企業を選んだ。大企業に就職して、例えば一千人の中の一人になるよりも、十人、二十人の中の一人のほうが、それだけ存在価値がある。それが設立六年目で、パートなどを除くと役員を含めて二十人足らずの大成ラミック（旧・大成包材）であった。「自分の存在価値というのは、分母が少ないほうがあり、小さい会社のほうが面白い」というのがその志望動機だったが、大成ラミックはやがて彼の目論見通り、一部上場企業にまで成長する。大企業より、居心地が良かったのだろう。彼の存在は会社を引っ張っていく大きな原動力となった。

例えば、当時の社内に欠けていた原価計算の概念を導入。生産原価を見直すことによって、利益率の向上、品質のアップにつなげていった。東京・足立区にあった工場の移転話が浮上し、埼玉に新工場を建設するときには当時二十四歳の彼が工場建設の責任者にされた。環境問題が厳しくなる中で、肝心の工場建設の建築確認が下りず、工場建設の責任者である彼は大いに悩んだが、結局、強引にその壁を突破。一九八五年に埼玉第一工場を完成させたことで、会社は破竹の勢いで伸びていき、三十四歳で取締役になった。

新工場の建設と同時にできた研究室の主任になった彼は、研究室の存在価値を認めてもらおうと、クレーム対策に取り組んだ。

当時はクレームがあっても、その原因がわからないため、反論できずに会社が責任をかぶる形で営業的な解決をする。その繰り返しで、会社にとっては何のプラスもない。要するに、頭を下げて「すいません、これだけ払います」で、終わってしまう。その悪循環を断つために始めたのが、顕微鏡や各種検査機を用いた原因の究明であり、その結果、研究室がお金を稼ぐようになった。

例えば、百万円のクレームが起きたとき、ユーザーの側にもちょっと問題があったので五十万円にしてもらう。メーカーに対してもフィルムの問題もあることから、五十万円引いてもらうと、結果的にタダになる。要するに、根拠を説明することによって、研究室の仕事がお金に換算できる。会社の中でも「研究室はいい仕事をしている」と認められるようになり、だんだん頼られる存在になったという。

そんな研究の力、学問の力は別の面でも絶大であった。液体包装・容器に関する基礎研究を行っていた彼は、先輩の学者から「論文を書きなさい。研究の励みにもなるし、何より記録を残すことが大事なのだ」と言われて専門誌などに論文を発表。四十九歳のときに「工学博士」となった。

「世の中って面白いもんでね。同じ人間なんですけど、同じことを言っているのに、学位のないときは、そんなことないだろうと、ちょっと疑心暗鬼の目で見られたのが、学位を取った後はちゃんと聞いてもらえる」と、意外な効用を語る。

だが、いわゆるフィルム包装を扱う業者は大企業から零細まで、何千社とある。その中での一流となるには、ハードルも高い。それを超えるため、彼は当時、日本に三〜四社しかなかった包装機械メーカーへの道を目指した。要は一千分の一と見なされるのか、三〜四分の一と見なされるのか。どうせなら、分母の小さいほうがいいというわけである。

しかも、自動車でも何でも、スピードが速くなればなるほど、製造は難しくなる。速度五〇キロのクルマは中学生でもできるが、三〇〇キロとなると、そうはいかない。だが、他社と同じようなものをつくっていたのでは意味がない。そこで、彼は従来の充填機の五〜六倍のスピードに挑戦した。自社技術では限界があるため、自動車用計器などを製造している新潟のN社に共同開発を持ちかけて、現在の高速充填機DANGANシリーズの第一号機が誕生。やがて、社員のためにも業界のためにも、上場を目指そうと、二〇〇二年に二部上場。一年後には一部上場を果たして、今日に至るわけである。

ヤマサとの出会い

一部上場企業の常務として、二瀬社長は研究面でのトップであるとともに、営業面でも辣腕を振るってきた。高給取りで待遇面も申し分がない。そうした面では何の不満もないのだが、企業が大きく成長し、一部上場を果して、さらなる高みを目指すことと、個人の納得できる生き方とは必ずしも一致しない。ひところ「会社は誰のものか」ということが盛んに言われたことがあったが、上場企業ともなれば、株主の存在を無視しては何事も進まない。

そんな現実に直面して、二瀬社長の夢は株主の顔色を気にせずに「最後は自分が人生を賭けてやっていけるような生き方をしたい」ということであった。そんな思いで設立された悠心は、実際には仲間と一緒に会社をつくることが第一で、最初から何かをするために設立されたわけではなかったという。

そのため、一年目の売上げは、特許になっていた部品が売れた三百九十万円のみ。

「記念すべき三百九十万円です」と苦笑するが、二年目はそうもいかないため、当時、彼が副会長をしていた実験力学会の分科会を行ったのだが、そこにヤマサ醤油の担当者がやってきた。いま何をしているのかという話から、開発中のＰＩＤ容器のことを話すと、実物も見ずに「ぜひ商品化したいから、製作中の機械を買う」ということになった。

ヤマサ醤油は歴史のある非常に慎重な会社である一方、社長以下社員が「醤油文化はいまのままではダメだ。何とか健全な形で将来に残したい」との醤油に対する熱い思いを持っている。そんな彼らが、ＰＩＤ容器こそが、醤油の歴史を変えることができる素材だと見たのであろう。

まだ、世に出すレベルのものではないため躊躇したという二瀬社長だったが、ヤマサ醤油の熱意に押される形で、急遽、プロトタイプの機械をつくって、ヤマサに設置したプロトタイプで生産をスタートした。二瀬社長も三カ月間ヤマサに通い詰めて、プロトタイプの完成に没頭。試行錯誤を繰り返した。

当初のものは、紙のケースの中に内袋を入れるというものだったが、大量生産が難しくて断念。分科会でのヤマサとの出会いから一年半、試作を重ねた結果ようやくたどりついたのが、現在の「鮮度の一滴」である。

容器革命の可能性

悠心のＰＩＤ容器は、ペットボトル容器に比べて、ゴミの量が三分の二に減るなど、環境にもやさしい配慮がなされているが、今後は、外容器とは別に中の容器だけを取り替えて使うようになれば、プラスチックの使用量はペットボトルの七分の一になる。

しかも、フィルム弁については、現在、北大で共同研究を続けていて、空気を遮断すると同時に微生物等の侵入を防ぐ効果のあることがわかってきた。本当に微生物が侵入しないとなれば、冷蔵庫がなく、衛生面で問題がある国々でも流通できる可能性が出てくる。飢餓に瀕する地域で、栄養ドリンクなどを持っていっても、一回封を開ければすぐに腐食する。ＰＩＤ容器を使えば、その問題が解消されるため、食糧事情が改善されることになる。

酸化を防ぐという用途以外にも、さまざまな分野に使えるとなると、飲料の他、化粧品、薬品など、考えられる用途は限りなく広い。だが、可能性はともかく、ペットボトル全盛の時代に、新容器の普及は一朝一夕にできることではない。その意味では十年、二十年単位の話である。

「人間の生命には限りがあり、社業に参画する人々は企業理念を引き継ぐランナーである。したがって企業の寿命は永遠である」と、悠心の経営理念には書かれているが、新容器の普及は、二瀬社長の言葉では「私の最後の事業として、これを世界に普及するのは布教活動のようなものです」ということになる。

大きな可能性を秘めた悠心のＰＩＤ製造のための高速液体充填機システムは、価格的に一億円以上ということもあって、販売力のある大手であれば買えるし、使いこなすこともできる。一方、小さい会社は買えたとしても、とても使いこなせない。いい機械でも、大手しか使えないのでは、不公平ではないのか。ふと、そう考えた二瀬社長は「力のある者だけが持てるものというのは、社会全体としては受け入れがたい。みんなに公平にチャンスが与えられるように工夫して、みんなが利用できるようにするのも、企業の仕事だろう」と、半自動式で三百万円という低価格の中小企業向け新機種を開発。二〇一〇年末、新たに販売を開始した。そうした自分の思いを形にできるのも中小のオーナー企業だからである。

発表後、すぐに各方面から問い合わせがきたというが、地域の会社が調味料やジュース、ワインなどに使うことで、村起こし、町起こしにもつながっていく。規模はちがっても、商品づくりに関しては、大企業と同じスタートラインに立てる。

今後「日本発の技術としてみんなで使ってもらいたい」との創業者の思いが、どこまで広がっていくのか。そう考えたとき、自分の代でできることは限られている。後は、いかに自分の意思を継いで頑張ってくれる、次のランナーにうまくバトンタッチしていくことができるか。それが企業の永遠を謳う二瀬社長の当面の課題である。〝容器革命〟の行方とともに、ベンチャーとしての悠心の将来が注目される。

❖　❖　❖

キッコーマンを本気にさせた新容器

ヤマサ醤油の新商品「鮮度の一滴」が登場したとき、印象的だったのはテレビＣＭである。そして、実際にスーパーの店頭に陳列されたパッケージを見たときの「これが醤油か」という意外な印象は、いまでも覚えている。

だが、ヤマサとの出会いがなければ、いわゆる「二十一世紀の密閉容器」を開発し、さまざまなベンチャー関連の賞を受賞し、メディアでも注目されるベンチャーが通常たどる道は、常識的な技術や資金力、既存の業界の厚い壁がある中を、何とか「世界容器革命」を仕掛けたいとの夢に向かって努力する、明るいようでいて厳しいものである。

その意味では「悠心」というベンチャーを語ることは、実はその技術を率先して取り入れ、対等のパートナーとなった「ヤマサ醤油」のベンチャー精神ないしは日本の企業としてのＤＮＡをあらためて浮き彫りにするものである。

要は、醤油という日本の伝統商品を扱っているだけではなく、そこには明らかに時代に流されずに、今なお「日本的経営」の良さを引き継ぐニッポン株式会社の伝統が生きているということである。

その後、業界トップのキッコーマンが袋式の類似容器の醤油に力を入れてきたこともあって、スーパーの「鮮度の一滴」コーナーもすっかり定着し、徐々に広がりつつある。

密閉容器の製造機を開発し新容器の販路を広げるのが、当面の悠心の仕事である。そのための活動を、二瀬克規社長自ら「布教活動」のようなものというように、道のりは平坦でもなく、目指すところも遠い。

だが、半自動式の低価格機ができて、外国からの引き合いもあるなど、徐々に興味深い動きも見えている。まずは、ヤマサの「鮮度の一滴」の普及を第一に、さらに工場を持たない研究開発型ベンチャーとして、いろんな業界からの協力を得て、企業としての経営体質、組織、人材などの体力を養いながら、無理をせず、背伸びをせず、地道な事業展開を目指している。

第6話

世界一厳しいドイツの有機認証を取得した「アドバンス」

白井博隆　社長

❖中国・雲南省での「田七人参」の完全無農薬・有機栽培
❖「百年変わらず売れるデザイン」の商品パッケージ
❖本来の田七人参の薬効を求めて、無農薬から自生栽培へ

中国で輸出が禁じられていたほど貴重だった高価な漢方薬「田七人参」。その「田七人参」について、現地中国での完全無農薬・有機栽培を実現したのがアドバンス

の白井博隆社長である。

〝田七の白井〟との異名を持つまでになった白井社長は、ドイツの有機認証を得て、まさに「これから」というとき、ビジネスの追求より、五百年前の「田七人参」の薬効再現のため、突然、栽培方法を転換した。

無謀な試み

景気が回復しない中で、とりあえず元気なのが健康関連産業、例えば健康食品・サプリメント業界であろう。ニンニクをはじめ高麗人参など伝統的なものから、比較的最近のコエンザイムQ10、マイナス水素イオンなど、実にいろんな業者がいろんなものを出している。

それだけに、何を基準に選べばいいのかに頭を悩ますことになるわけだが、そんなとき食品の安全面で参考になるものの一つが「無農薬」「有機栽培」「オーガニック」といったキャッチフレーズである。中には差別化を図って、有機JAS認証マークがついているものもある。

だが、最近でこそ、大手企業が健康食品や通販事業に進出するようになっているとはいえ、大半の「無農薬」「有機食品」といった表示は「ホントかな?」というのが、賢い消費者の実感であろう。事実、これまでも折に触れて、商品の効果効能に関する誇大表示や成分等の中身のウソ、薬事法違反やマルチ紛いの販売法などが問題になってきた。その意味では、いわくつきの業界でもある。

それは「田七人参」の場合も似たようなもので、素性のはっきりしないものも少なくないと言われる。初めに断っておくならば、アドバンス（白井博隆社長）の田七人参は完全無農薬・有機栽培を実現。世界一厳しいと言われるドイツのＩＦＯＡＭ（国際有機運動連盟）の有機認証および日本の有機ＪＡＳ認証を取得している唯一の商品である。

収穫されたばかりの田七人参

だが、当時の中国での無農薬栽培は、あまりに中国の実態、田七人参の栽培、そして業界の実態を知らない無謀な試みであった。いまでこそ農薬・有機栽培は当たり前のようだが、一九九一年、縁あって中国・雲南省で田七人参の生産を行うことになった白井博隆社長が見た現地の状況は、農薬・化学肥料漬けという世界であった。

「雲南省の町の中をクルマで案内してもらったときに、ドブのように汚れた川に動物の死骸がうようよ浮かんでいる。聞くと、工業廃液や農薬で死ぬ。そういう環境での栽培では本来なら人の命を救うものが、逆に人の命を危険に晒すことになる。そんなバカなことにならないためには、自分が田七人参の栽培をやる以上は、いかに大変であり非現実的であっても、無農薬でやるしかないわけです」

と、白井博隆社長は中国での無農薬栽培を決めた理由を語る。

とはいえ、その無謀さは無農薬・有機栽培に取り組み、二〇〇六年にドイツの有機認証、翌〇七年のＪＡＳ認証を取得するまでに、結果的に十数年の歳月をかけていることからもわかるのではないだろうか。そして、一応の満足のいく田七人参ができて、有機認証マークを入れた新パッケージの商品の販売を始めたのが、二〇〇九年の四月である。

「三十歳と、まだ若かったのでできましたけど、もう一回同じことをやれと言われてもやりません。とてもやれないですよ」と振り返る、その言葉が彼の苦労を物語って余りあるということだろう。

そして、なぜ白井社長がそこまでこだわって無農薬・有機栽培をやり〝田七の白井〟と異名をとるまでになったのかは、当然ながら彼のそれまでの人生を抜きには語れない。

土木設計事務所

一九六三年一月、長野県佐久市で生まれた白井社長は、東京の土木工学系の学校を卒業後、二十歳のとき、地元にもどり、小諸の設計事務所に就職した。

彼のビジネスマンとしての原体験は、この設計事務所でのエンジニア時代にある。彼はそこで、長い間、上司に言われるまま早出に残業、休日を返上しては、月平均二百時間を超える残業をこなしていたという。当時はバブル最盛期の公共事業がもっとも盛んな時期で、高速道路を含めた道路の新設、トンネル工事、その他あらゆるところに仕事があって、それらの測量設計の仕事が次から次へと持ち込まれた。

新しい道路ができて、新しい橋が架けられるという土木設計の仕事に、社会性がないわけではないし、生き甲斐を見つける人も少なくない。だが、彼のやっていたことは会社のための一部品でしかなかった。

そんなある晴れた日。事務所の窓を開けると、そこに眩しい緑の田園地帯が広がっているのを見て、彼はふと「自分は一体、何をやっているのだろうか。このままの人生でいいのかな？」と思ったのだという。そして「もっと自分らしい、自分なりの可能性を試すことのできる仕事があるのではないか」と、考えた。働きだして四年目のことであった。

それまで仕事に追われ、脇目も振らずに働いてきた白井氏だっただけに、そうなると今度は会社の仕事に身が入らない。結局、彼は後先を考えることなく退社。東京の知り合いや仕事でお世話になった人たちを訪ねては、それまで知らないいろんなところに出入りした。それは、これまで土木設計しかやってこなかった彼には、世の中の仕組みがどうなっているのかを実地に吸収できる貴重な勉強の場であった。

一年ほどで地元にもどった白井氏は、以前働いていた会社の設計を手伝いながら、手当たり次第に、いろんなビジネスを手がけていった。大企業や広告代理店と組んだ軽井沢でのイベントや店の運営、デパートでの長野県の物産展の企画、ある企業グループの不動産会社の別荘の開発設計などを行った後、一九九一年にアドバンスを設立。長野オリンピックに関連した佐久周辺の開発のため、不動産でももっとも難しい許認可関係の土木設計を行った。

長野オリンピック特需とも言える不動産と土木設計の仕事は、本当に自分のやるべき仕事を探していた彼にとって、結局は次の事業のために必要な収益を上げるためだけの仕事であったという。そして、実際に収益を上げながら、彼が手がけたのが、中国における田七人参の無農薬栽培であった。

それまで自分のやるべき仕事を模索して多くの寄り道をしながら、土木設計が専門の彼が、なぜ健康食品、それも田七人参を手がけることになるのかは、彼にとっても不思議なめぐり合わせというしかなかったようだ。

田七人参ブーム

一九九一年から二年間の間、膨大な収益をあげていたアドバンスは、その収益で東京・青山のマンションの一室に、東京支社・営業所を置いた。そこで知り合った、当時、慶應義塾大学の中国語講師をしていた趙先生から「自分の姉は中国の雲南大学の教授で、教え子がたくさん中国の国営企業で働いている。何かビジネスチャンスがあるかもしれないから一緒に行ってみないか」と誘われたのである。

自分の人生を賭けて取り組むことができる仕事を探していた彼は、一緒に訪れた中国で漢方薬を扱う国営の大手商社を紹介され、雲南省の特産品として名高い田七人参と初めて出会った。当時、三百億ほどの売上げがあった商社の社長が「一緒にやろう」ということから、話はとんとん拍子に進んでいった。

白井社長は初めて出会った田七人参が、漢方薬でも特別の存在で、しっかりした医学的なデータも揃っていることを、遅ればせながら理解した。中国の雲南省を中心に環境の厳しい高山のみに生育し、その生命力は強く、しかも漢方薬の中でも、副作用がなく幅広い効用がある上薬として、お金にも換えがたいことから「金不換」と称され、長い間、国外への輸出が禁じられていた貴重品であった。

「この素晴らしい田七人参を日本の人にも知ってもらって、健康づくりや病気の回復などに役立つ仕事にできれば、それこそ自分が生涯をかけて取り組むべき仕事になる」

そう確信した白井社長は、中国での無農薬栽培について、ある製薬会社の幹部に相談した。相手は笑って「田七人参はブームも終わっているし、われわれだったら絶対に手を出さない。止めたほうがいい」と言った。そのとき白井社長は逆に「だったら、やってみようかな」と思ったという。

彼は自分なりに仕事をやるに当たってのルールとして「大企業に対抗するためには、大企業が手がけないものをやる必要がある」と決めていたからである。例えば田七人参を中国から仕入れるだけだったら、資力の問題で自分たちの出る幕はない。だが、中国での無農薬栽培は、大企業にはできない。

もともと白井社長の父親は農家の出身で、いまでもリンゴ農家のかたわら野菜もつくっている。従って、彼自身、農業には抵抗がないどころか、本来の家業でもある。田七人参の無農薬栽培は「自分では農業をやっているつもりですから、農業ならば、当然、安全や品質が問題になる」というわけだ。

現地に乗り込んだ白井社長はベトナムやラオス国境に近い雲南省文山に、周りの農業の影響を受けない山を一つ借り切って、道路づくりから始めた。一九九五年には現地法人を設立。実際の栽培に当たっては、日本の有機農業技術を導入して、お金の苦労をはじめ雪害、食害などさまざまな苦労を経て、世界で初めての無農薬田七人参の栽培に成功したのが、一九九九年のことであった。

ドイツの有機認証

ところが、実際に無農薬・有機栽培の田七人参を生産したとしても、どこまで信じてもらえるか、それを消費者に理解させる難しさがある。

事実、あるセミナーでライバル業者と見られる参加者から「白井さんは商売上手ですね」と言われたことがあった。「自分たちは中国を白井さんが言うような危険なところとは考えていない。それをあたかも農薬だらけという危険なイメージを振りまいて、自分のところの商品は無農薬・有機栽培だから安全だと言ってビジネスしている」というのである。

中国の食品の危険性については、いまでは世界の常識となっているとはいえ、ただ「無農薬・有機栽培」を謳っていても、独りよがりと言われかねない。そこで、無農薬の次にやるべきことは、第三者による客観的な評価を得るため、もっとも厳しいドイツの有機認証を取得するということであった。

それは他の有機認証に比べて確かに厳しく、申請したからといって、すぐに取得できるわけではない。結果的に、二〇〇六年にドイツの有機認証を取得、その翌年、日本のＪＡＳ認証を取得した。それは〝田七の白井〟と言われた白井社長が追求してきた田七人参の一応の完成であった。

世界が認めた無農薬・有機栽培の田七人参が完成してみれば、商品のパッケージも、それを売るアドバンス自体も、その商品に相応しいものにする必要がある。そこで、二〇〇九年四月には「五十年、百年変わらずに売れるデザインを」ということで、これまでキューピーマヨネーズやサントリーオールドなどを手掛けた日本を代表するアートディレクターの浅葉克己氏のデザインによる有機認証マーク入りの新パッケージが完成。田七人参「ディコア（D—CORE）」および「白井田七」などの本格的な展開を始めたわけである。

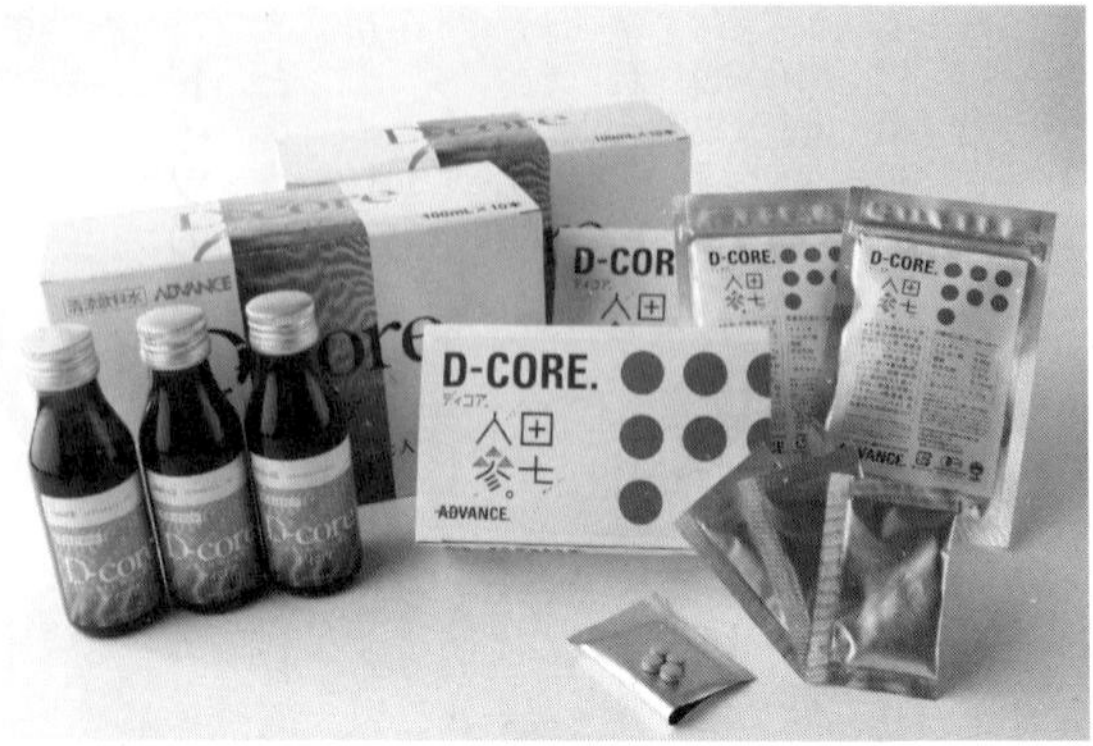

「五十年百年変わらずに売れるパッケージ」に包まれた田七人参商品群

企業としてのアドバンスも新体制になり、新たな事業計画が策定されて、その一環として積極的な新聞広告も始まっている。二〇〇九年八月には、医薬部外品「腸潤」を発売。熊本と東京に直販のためのコールセンターができて、秋には常温核融合理論で知られる天才科学者・澤田重美博士の科学から生まれた「プロテオグリカン」を配合した化粧品の洗顔および保湿ジェル（ジェレ・ループ）の発売を始めるなど、ベンチャーとしてのアドバンスは、まさに飛躍の時を迎えつつある。

特に田七人参は十数年かけて、まさに準備万端整ったのだから、後は「さあ売るぞ！」というのが、通常の企業のパターンである。

だが、ベンチャーとしては、まさに「これから」というとき、白井社長はハタと考えた。つまり「売上げよりももっと大事なことがある」と気づいて、それまでの栽培方法を大きく転換してしまった。

「有機認証も取れて、実際にいい商品ができて、今度はたくさんつくって売れば儲かるわけです。生産計画を立てると、それは素晴らしい数字が出てくる。だけど、その反面とても虚しい感じがして」と、彼は自らの心に問いかけて、結局、無農薬・有機認証は一つの通過点だということで、これまでの栽培方法を大きく転換してしまった。

ビジネスを追求しない、それは田七人参を通して農業経営を行うことで、やがて現代の生産と消費社会の在り方を根本から変える社会改革への道をたどることを意味する。

自生の田七人参

なぜ、一応の完成をみた完全無農薬・有機栽培の田七人参の栽培方法を根本的に見直すことになったのか。

「一応の完成品ができてみると、実は相手が植物ですから農産物と同じで、よくよく考えてみれば、これでいいという到達点はない」

と、言葉で言うのは簡単だが、誰にでもできることではない。

ビジネスではなく、質の追求へと向かうことになった白井社長が次に目指したのは、本来の田七人参をつくることであった。もともと一五〇〇年ごろの田七人参は、中国最古の薬学書とされる『神農本草経』に「命を養うことを主とし、天に相当するものである」と書かれた「金不換」の万能薬であった。

今日、田七人参の効能効果は医学的にも研究が進んでいて、高麗人参を超える三十二種のサポニンが見つかっており、免疫力の増強、タンパク質・核酸の合成促進、疲労回復、血流改善などさまざまな作用が確認されていることから、学術的にもガンの発生を抑える効果、血液をサラサラにして血栓を予防する効果、肝臓病に関する顕著な効果などの報告がなされてきた。

とはいえ、今から五百年前の田七人参の効果は、当時の薬学書などを見るかぎり、いまある漢方薬ばかりか、サプリメントその他数多くの〝特効薬〟と言われるものと比較しても桁外れであった。それだけに「現在の田七人参は一五〇〇年当時の田七人参とはちがっているのではないか、そこから乖離してきたからこそ、今日の田七人参の評価が相対的に低いものになっているのではないか」と、素朴な疑問を抱いた白井社長は「もう一度、当時の薬学書で金にも換えがたい上薬とされた田七人参の位置づけに戻るためには、どうしたらいいのか」を考えて、結局たどりついたのが何もしないということ、農業技術を持ち込まないという決断であった。

というのも、もともと日本でも医食同源という言葉があるように、穀物にしろ野菜にしろ、本来の食はそのまま医を兼ねる〝薬〟そのものであると考えられてきた。その原点に戻るということである。

奇跡のリンゴ

「無農薬では絶対にリンゴはできない」と言われたリンゴの無農薬栽培に成功した青森のリンゴ農家の木村秋則氏が、その体験を本にして話題になっていたが、白井社長は「田七人参とリンゴのちがいはあっても、やっていることはほとんど同じようなことだ」と前置きして、こう続ける。

「誰のために、何のためにということを突き詰めて考えたとき、生活がかかっていますから大体は出荷量と利益のためです。そうした現実があることをあえて脇に置けば、理想は消費者にとって安全で安心して食べられる、おいしいものをつくる。でも、私は消費者のためというのは、本当は二番目だと思う。一番は田七人参のため、リンゴのためだと思うんです」

確かに、そう考えれば田七人参やリンゴが農薬をかけられて、とても喜んでいるとは思えない。

有機肥料ならまだしも、化学肥料を施されても、有難迷惑かもしれない。さらに本来の生育環境で育つならば、それこそ医食同源の素材として、消費者にとっても一番いいものができてくるはずだ。

本来の田七人参は中国・雲南省特産であるように、標高二千メートル級の高地のうっそうとした林の中で、少しの木漏れ日と、直接雨に当たることなく大気中の水分で育つ。そうした環境で田七人参は七年間もの育成期間がかかるとされていた。厳しい環境だからこそ、それだけかかったという面もあるわけだが、では肥沃な土地で育てれば、さらに良いものができるのかといえば、人間と同じで何不自由ない環境で甘やかされて育てば、図体は大きくてもひ弱になる。早い話が天然の自然薯と長芋のちがいである。そこまで考えたとき、田七人参は本来の生育環境、要するにいかに自生の形に近づけるかがポイントになる。

実際に白井社長は、それまで使っていた動物性の有機肥料を入れずに、葉っぱなどが堆積してできた腐葉土を入れるなどして、自生に近い環境を整えていった。それは農業の基本である土づくり、土壌をいかに整えるかということである。

三年前から動物性のものをなくしていこうと、実際に製法を変えた結果、有機認証を取得した二〇〇六年には四トンだった収穫量が激減した。二〇〇九年には二トンまで戻したというが、元の四トンに戻ることはないはずだ。その自生の状態に限りなく近い田七人参が、成分的にどうちがっているかが、ようやくわかってくるという。

　アドバンスのチャレンジはまだまだ続く。

静岡のレモン畑

　田七人参に出会って、完全無農薬・有機栽培をやる中で「自分の役割とは何か」を考え続けた白井社長は、自分のできることとして「すべての世の中を変えるというわけには、絶対にいかない。しかも、世界中に食料難で困っている人たちがたくさんいる中で、田七人参と同じようにすべての農産物をつくるべきだというのも、大分無責任な話である。ただ、田七人参の経験ノウハウを生かす形で、次はいかにして一般的な食の分野における、例えば野菜づくりに反映できるかが課題になる」と考えて、新しい取り組みの一つとして始めたのが、静岡での無農薬・有機栽培によるレモン栽培である。すでに畑づくりが始まっていて、二〇一〇年から少ない量でも出荷する予定だという。

　なぜ、レモンなのかは現代の食生活の中で使う機会が多くなっているのに、国産のものは限られている。無農薬・有機栽培のものを手に入れるとなると、そう簡単ではない。

「たぶん、都市部を含めてレモンの木がなるという環境はないですから、多少、虫が食っていようが、黒い斑点が出ようが『これが本当のレモンだ』と、自信を持って言えるものを出していくことによって、少しずつでも完全無農薬・有機栽培の農業を確立していけたらと思う。完熟したものはかじれる、そんなレモンをつくってみたい」

と語る、その取り組みは食育の一環でもあり、なかなか興味深い。

もう一つの計画が同じ、静岡県の熱海で三万坪のミカン畑だった用地をオリーブ畑にしようというもの。なぜオリーブに着目したのかは、国産のオリーブ油が圧倒的に不足していることと、質のいい油は空輸にしろ何にしろ、長距離輸送による振動で劣化する。本当に質のいいオリーブ油を長距離の移動がないところでつくりたいという。

「そこで、実際に非常にシンプルなつくり方で、温度をかけずに圧搾だけの油がこんなにおいしいんだということを知ってもらう。そして、本当に質のいい油は適度な摂取であれば、薬にもなることを日本でも広めていきたい。そのためにも、一日も早く実現したい」と語る。

二〇〇九年秋には常温核融合理論で知られる天才科学者・澤田重美博士のエマルジョン技術を用いた基礎化粧品・洗顔および保湿ジェル「ジェレ・ループ」の製造販売を始めたが、さらにビニールハウスなどの農業施設用のエマルジョン燃料の販売事業も、長野県の県会議員らと協力してスタートさせる準備が進んでいる。

この燃料に変えることで、長野県の農業に役立つばかりでなく、政府が打ち出している温室効果ガスの二五％削減ができる。まさに時代を先取りした取り組みでもある。

そうした事業がどれも農業および地域おこしにもつながるだけに、アドバンスが完全無農薬・有機栽培にかけた十数年は、決して無駄ではなかったということである。

社会改革への道

アドバンスそして白井社長が現在行っているさまざまな取り組みについて、

「消費者が意識改革をして、いいものを欲しがり、そこに生産者が合わせていくのか。あるいは先に生産者がいいものを提供して、それを消費者が認めるのか。ニワトリが先かタマゴが先かといった話は、どこまで行っても決着はしない。でも、気がついたらやらなければならない責任はあると思う。その意味でも、田七人参の経験ノウハウを、次はいかに日本の農業という世界に、役立てていけるかどうかということです」

と、その難しさを語るが、気がついた者の一人として、厳しい選択を行ってきたことで周りを動かすことになる。そんな手応えはいろんな面で見られるようだ。

中国での大きな変化は、中国最大の田七人参生産業者が十年前に白井社長の田七人参の畑を見て「これからはこのやり方だ。まちがいない」と思ってそのマネを始め、遅ればせながら無農薬・有機栽培に取り組んできたことだろう。

もちろん、質を問題にする白井社長の取り組み方とは、結局は噛み合わないのだが、同じ無農薬・有機栽培を競い合っている貴重なライバルでもある。

二〇一一年、相手企業のトップに会って「次に自分たちは何をやればいいのか教えてくれ」と尋ねられた白井社長は、正直に答えた。

「これからは本質です。田七人参の本質は薬効です。その価値をいかに高めるかです」

「わかった。で、どうすればいいのか？」

「まず、いま使っている有機肥料を全部抜いてください」

そういうと、相手は笑って「そんなことしたら、生産量が落ちて儲けられなくなる」と言って話は終わるのだが、白井社長は必ず相手は気がつくはずだという。

後日「白井は本当にやったか。じゃあ、ウチも自生に近づけて生産量が落ちる分、高く原料を売ってやろう」と。そんな抜け目のなさがあったとしても、質の高い価値ある田七人参をつくることが、結果的に地域のためになる。

田七人参の先駆者として「相手が自分たちのやり方をマネてくれることは、正直うれしいです。その先には、中国で一番栽培が難しい田七人参で有機栽培を競っているなら、他の漢方薬だってできるはずだと、たぶんなってくる。それを期待しながら、やっていることですから」と、笑顔で語る。

中国でのエピソードは生産現場を変えるという小さな改革となる一歩でもある。

「田七人参の無農薬栽培から始まって、誰に頼まれたわけでもないのに、とにかく自分なりにできるだけのことをやってきて、もしかすると自分たちで自分の首を締めるような苦しい状況に追い込みながら、厳しい道を選んできた。でも、努力を続けていくと周囲に素晴らしい人たちが出てきて、その人たちと一緒に仕事をやっていくと、レモン畑やエマルジョン燃料の話が出てくる」

と、おかしそうに振り返る。

そして最近は、中国での田七人参を成功させたその信頼をベースに、桁外れの規模の例えば海水の淡水化事業の話、LEDを用いた環境事業の話などが持ちかけられる。それは本業ではないため、中継役として協力するだけだというが、田七人参を通じて農業・社会改革に率先して取り組んできたアドバンスおよび白井社長の今後の活躍が期待される。

❖　❖　❖

近江商人の「三方善」

「田七人参」の第一次ブームのころのことは、大学の後輩が田七人参のサプリメントを商品化していたこともあり、よく憶えている。田七人参には多少の知識もあったので、逆にブームの去った後の「アドバンス」白井博隆社長の取り組みに興味があって、一応の取材は進めた後、どのタイミングで紹介するかを思案していたまま、結局数年が過ぎてしまった。

だが、その間の変化は、商品について考えるときに、実に興味深いものである。それは田七人参に限らないが、結果的に今日の多くの商品から肝心なものが抜け落ちていることを、実にわかりやすい形で教えている事例となっているからである。

田七人参の無農薬・有機栽培を実現した後、彼はあらためて「田七」の語る声に耳を傾けた。彼らの本音はどこにあるのか。

そう考えると、本当の「田七」は養鶏場のように管理された工場のようなところで育ちたくはない。その本音は、昔から「田七」が育ってきたような自生の場所で、伸び伸びと大きくなって、長生きした分〝金不換〟といわれるような薬効があって、もしどこかに不治の病で困っている人がいたら、その人を救いたいと思っている人に見つけてほしいと思っている。それが「田七」の商品としての、いわば使命である。

アドバンスの「田七」について考えるとき、昔から商人の道とされてきた近江商人の「三方善」という考え方が、実は不完全であることもわかってくる。

「三方善」とは言うまでもなく「売り手よし、買い手よし、世間よし」のことを言い、商売は客にとっても、世間にとっても、自分にとってもいいものであるべきだとの格言である。だが、そこには客と世間と自分はあっても、実は肝心の商品そのものの存在が欠落している。

なぜ、商品のことが問題とされないかは、おそらく当時の商品が売り手にも、買い手にも、世間にも善く、同時に商品にとっても善いものだったからだろう。だが、時代とともに環境も変わって、いまはどうかというときに、実は「三方善」では足りなくなる。

そのつもりで、さまざまな業界を見回してみると、いまは肝心の商品の気持ちではなく、企業の都合や儲けが優先された結果、肝心の商品にとって善いのかというとき、疑問符がつくものが少なくないということだ。「田七」を例にとれば、ある時期から生産性をあげ、病気や害虫から守るためと称して、農薬や化学肥料を使って育てられてきたわけである。

その意味では「三方善」の原則を持ち出す前に、今日ではすべての業界において、まずは商品にとって善いのかを考える必要があるということである。

アドバンスの田七人参の栽培は、中国でもだいぶ注目されるようになって、現地の大手製薬会社からのアプローチがあったことはすでに紹介しているが、とうとう現在では田七人参だけではなく、大手製薬会社との間で、田七人参以外の漢方薬の有機無農薬・有機栽培がスタートするなど、中国におけるアドバンスのやり方、あるいは日本の役割が顕著になっているという。

「GDPで日本を抜いて世界第二位になったんだし、田七人参でも漢方薬でも、自分たちでやればいいのにと思うんですけど、なぜか日本の私たちにやってほしいという。それは中国の漢方薬も薬品も食品同様、安全性に欠けるという面があるのでしょうけど、一度信頼を得ると、まったく関係ない分野への事業展開まで持ちかけられる。その意味では政治的な問題は別にして、やりようによっては、実に面白い関係を築くことができる」と、白井社長は指摘する。

そんな一つが先に紹介しているＬＥＤの工場建設を、日本の技術を使ってつくりたいという一大プロジェクトであり、二〇一二年春に工場が始まる。「田七」で培った信用から、アドバンスにはまったく関係ないような展開が始まり、実際に形になっていくのを見て、白井社長は中国ビジネスそして日中友好の在り方に、新たな可能性を見つけているようである。

第7話

超高精度センサー開発で世界一の技術「テクノス」

山田　吉郎　会長

❖秋葉原オタクが始めた高校生ベンチャー
❖世界一の自動外観検査装置「ニューロ視覚センサ」の開発
❖世界十四カ国で特許、日本から世界へ

ハイテク機器の製造現場では今でも、人間の目がもっとも精度の高いセンサーとされているが、機械による超高精度のチェックを実現させたのが、テクノスの開発した世界特許技術である。

小学校時代から秋葉原の電気街に出入りし、真空管ラジオなどを作っていた山田吉郎会長は、高校時代にテープレコーダーの特許を出願、家電製品の修理をする高校生ベンチャーを立ち上げている。大学院を卒業して、本格的に起業した「テクノス」は超高精度のニューロ視覚センサで、数々の賞を受賞している。

日本発明大賞

われわれは、だまされているのかもしれない。

広大な宇宙を対象に正確無比ともいえる宇宙開発における最先端の科学の正確さに驚く一方、同じ宇宙を相手に相変わらず確率何十%という大雑把なままの天気予報の現実があって、しかもそれが当たるわけでもない。科学万能の時代に絶対と信じさせられてきた最先端科学の本質は、実は当たらない天気予報のほうにあるのではないのか。

そうした不思議な光景は世の中の至るところにあり、いまや日常用語にまでなった画素も、電子機器の普及とともに登場したことから、最先端の科学技術に欠かせない言葉、概念だと思ったら、実際にはファックスの原理として十九世紀半ばに発明されている。いうまでもなく、画素とは画像を縦横に賽の目にした最小単位であり、その原理を元に現在のCCDカメラや検査装置は製造されてきている。

百六十年もの前の原理で最先端の検査装置ができている。それは、かつて科学の教科書で物質の最小単位とされてきた原子自体が原子核と電子、中性子からなり、クォークという素粒子が見つかり、さらに小さいトップクォークまであるというのと同様、映像の世界も、画素という最小単位は最先端の科学を語る概念としては時代遅れであり、無理がある。

ニューロ視覚センサ「スーパー5000K」

そんな思いに捉われるのは、㈱テクノス（山田吉郎会長／当時社長）の超高精度カメラによる検査装置「ニューロ視覚センサ」のレベルが、画素に基づく従来の科学ではとても語れないからでもある。デジカメの一八〇〇万画素とかビデオのフルハイビジョンといっても、所詮、画素を基準にしているため比較にならない。

事実、現代科学の粋を集めたはずのCCDカメラ方式のデジタルカメラその他、従来の検査装置は、実は柔軟性を持つ人間の目の能力に及ばない。そんなナンセンスな状況を象徴しているのが、コンピュータの心臓部をつくる半導体製造その他の現場であった。そこではもちろん、機械によるチェックが行われているのだが、最終的なチェックは目視、要するに人間の目で見て判断する。

それに対してテクノスの技術は、画素の中をさらに詳細に分けて、飛躍的に精度を上げることによって、従来のCCDカメラなどの検査装置とは桁違いのものとなっている。それは「人間の目の動きを電子回路化する」ことで、世界一の精度を実現しているからである。

科学が進歩すればするほど、われわれの人体そのものが多くの未知なるもの、謎に包まれていることが明らかになっている。それは逆に、そこに大きな可能性が秘められているということでもある。

「人間の目というのはうまくできていますよ。すごいと思う。二四ミリぐらいのところに、これまでの機械を超えるものが全部入っている。だから、七百万個もの細胞が集中している」と、山田吉郎会長は感心する。

テクノスの技術は、その人間の目を科学的に処理することによって、人間の目を大きく超える性能を得てきた。その結果、「目視検査しかない」とされてきた分野で、初めて人間の目の百倍もの精度で色ムラを検出し、ヒビ等の微細欠陥についても目視の二六・五倍もの性能の技術を完成させた。世界一のオンリーワン技術として、世界十四カ国の特許を持つことができたわけである。

　これまでに東京発明展「東京都ベンチャー技術大賞優秀賞」、「文部科学大臣発明奨励賞」などを受賞しているほか、二〇一〇年の第三十五回「日本発明大賞・東京都知事賞」を受賞した。まさに注目のベンチャーなのである。

トレモア機能

　もともと人間の目は、たった二四ミリの球体に外界からの情報の八〇%以上を取り込む能力があるが、人間の目で見ることができる点の大きさは、人間の眼球組織の構造上、五〇ミクロンまでといわれている。ところが半導体などの目視検査では、一〇ミクロンの欠陥を裸眼で見つけている。それができるのは、人間が毎秒八十回の間隔で、常に上下に微動しているトレモア（微震）機能などを駆使することで、本来見えないはずの大きさのものを捉えようとしているからである。

　ところが、人間の目が持つ機能を備えていない従来のＣＣＤ方式の検査機では、一画素で処理を行うため、五〇ミクロン角の欠陥を検出するように設定すると、四画素の境界上では四倍近い大きさの九八ミクロン角の欠陥を見逃し、流出してしまう。そのため、テクノス・ニューロ視覚センサが登場する前は、多くの現場で最終的には目視検査に頼るしかなかったわけである。

その点、人間の目の百倍の色ムラ検知能力を実現し、微細欠陥についても、目視の一一六・五倍の検出精度を誇るテクノスの検査装置は、一台で産業用に従来使われていたCCDカメラを二四台並べた性能に匹敵し、ピントの深さ（被写界深度）でCCDカメラ方式の六千倍を超えるピント（五〇ミクロン検知時）で、立体の全体に焦点を当てると同時に、マルチ画面を撮ること（ワンパス・センシング）によって、いわゆるテカリ（正反射）を克服できる。

そのため、従来のCCDカメラ方式ではユーザーの期待に応えられなかった、自動車などの曲面を持った立体形状のものでも確実に検査が可能なのである。

「テクノスの技術は、目の不思議を電子回路に意訳して、原理は人間の目でありながら、その精度をテクノロジーによって人間の百倍以上のものにしていることです」と山田会長は強調する。

そのポイントは、眼球を支える六本の筋肉のうち、自分の意思で動かす三本の随意筋の動きと、三本の不随意筋の動きである不随意眼球運動（固視微動）による目の機能を取り入れたこと。固視微動がなければ視力一・〇の人が〇・一になってしまうと言われるほど重要な人間の目の機能である。

この固視微動は、ピント合わせ（フリック）、光輪合わせ（ドリフト）、見逃しをなくす機能（トレモア）という三つの機能からなり、機械には苦手な、微妙な距離の変化や光量などの明暗の調整、さらに部分と同時に全体を見るなど、あらゆる状況に対応する柔軟性が、人間の目にはあらかじめ組み込まれている。だからこそ、われわれは機械ではできない色ムラの検知を行ったり、シミだらけの古新聞を難なく読むことができる。本来なら見えないはずの変化、ヒビなどを見ることができる。テクノスはこの固視微動のトレモア機能を電子回路化したトレモア・センシングによって、世界で初めて見逃しのない検知を実現したわけである。

高校生ベンチャー

「人間の目」を電子回路化し、トレモア機能を実現することによって、人間の目の能力の百倍以上の性能を得たといえば簡単なようだが、それは生まれながら（？）の電気好きで、小学生の頃から電気街・秋葉原に通い、高校一年のときには、今日の基礎となるベンチャー「相模電子工業研究所」をスタートさせたという山田会長だからこそ到達できた「世界一」だろう。

その歩みは、多くの天才的な技術者、画期的なベンチャーと共通するところが少なくない。

山田会長は一九四八年三月、神奈川県藤沢市で生まれた。母親の実家が藤枝だったため、ハイハイ歩きの頃から、浜松工業専門学校（現・静岡大学工学部）に通っていた叔父の部屋に入って行っては、電気関係の本や部品に囲まれて遊んでいたという。

小学校に上がる頃には、電気好きのため、周りから「電キチ」と呼ばれていた。今でいう「電気おたく」だが、小学校二〜三年の事には、一人で秋葉原に部品を買いに行って、警察に補導された。「僕は秋葉原に部品を買いにきたので、別に家出少年じゃないです」と言って呆れられたというが、小学生の頃に真空管ラジオやインターフォンなどをつくっていたというから、電気おたくも筋金入りである。

小学六年生の時にはテープレコーダーに興味を持って、将来はテープレコーダーの研究開発をやりたいと考えていたという。高校時代、すでにテープレコーダーに関する特許を出している。同じ電気でも、テープレコーダーは電気だけではなく、機械的なメカニズムの要素と電気的な要素の両方がうまく調和しないと難しく、当時の日本の製品は電気のほうは進んでいても、機械的な面は外国製品に追いついてはいなかったという。

高校時代は、アメリカでコンピュータの汎用機ができたことを知って、自分でもコンピュータをつくろうと、さっそく実行に移した。といっても、先立つものはお金というわけで、その資金づくりに友人と二人で「相模電子工業研究所」を創設。親からテスターを買ってもらい、友人の父親である校長先生にガリ版刷りのチラシをつくってもらって、家電製品の修理を始めた。

チラシを四十枚ほど近所にまいたところ、「ちょっと壊れたから見てほしい」と声をかけられるようになった。ポータブルラジオといった小さいものから洗濯機など大きなものまであって、そのたびに必要な部品を横浜にある電気メーカーの販売店に買いに行った。やがて、高校生がそんなことをやっているというので有名になり、大学生の頃には三百件ほどのお客があったというから、街の電気屋顔負けである。

ある時、湘南地区で冷蔵庫の販売コンペがあって、彼も参加したことがあった。朝、地域の電気屋がメーカーの販売会社に集まって、いっせいに冷蔵庫を売りに行く。二日間で何台売るかを競うのだが、家電販売のプロに混じって、何と彼が湘南地区のトップセールスの座を勝ち取ってしまった。

別のメーカーからは、大学生の分際ながら「お店を出さないか」と提案されたという山田会長だが、将来的にはウィーンにあるテープレコーダーの企業に行こうと考えていて、大学院の一年の時、自主海外研修という恒例のしきたりに従い、二月から七月までの百日間、ヨーロッパを旅行した。この時の経験が、テクノスの今日の海外展開のバックグラウンドになっているという。

ウラン濃縮

電気だけではなく、機械やモノづくり、販売まで、さまざまな体験を経て、大学院を卒業した翌年、山田会長は会社を定年になった父親と共同代表で、それまでの相模電子工業研究所を法人化。一九七五年に株式会社「テクノス」を起ち上げた。

そのモットーは、父親が考えたという「現に世に存在していない、新しい機器ないしシステムを創造する」というもので、テクノスの歩みは基本的に、そのモットーによる開発を行ってきた。

そんな一つが、赤外線センサーを使って、混液をなくした多方インテリジェントバルブの開発に成功したことだろう。

ウラン濃縮に使う液体は腐食性が強く、分光分析用のミラーがすぐに腐食する上に、通常の分光分析装置では混液問題に対応できず、当時の最新技術を駆使し、ガラスに超音波で穴を開けたものの、なぜか内部が磨りガラス状になってしまう。これは、そんな壁にぶつかっていた時、たまたまテクノスに話が回ってきたものであった。

山田会長はそれを台所で使われる耐熱ガラス・パイレックスの一ミリの管を使ってクリアしたり、光ファイバーを使ったシステムを開発するなど、分光分析の世界で大きな貢献をしている。

その実績が認められたことから、二年目にはウラン濃縮に関する、およそ十七年間続く国家プロジェクトにも参加。一九八〇年代に「人間の目」の機能に着目し、その機能の電子化を通して、人間の機能を大きく超越したシステムを実現。難度の高い情報を扱う三次元センサーを開発。ほかにライバルのない、驚異的な高精度のシステム開発を続けて、今日に至っている。

リニア新幹線

そのケタ外れの精度は、従来のＣＣＤカメラ方式ではおよそ考えられない、フルハイビジョンを六十台並べた中の一台の、たった一画素が欠けたことを検知できる。テクノスの検査システムが世界一たる所以である。

すでに一部上場企業を中心に、二百五十社を超える企業に導入されている。それも、鉄鋼・自動車・電器・半導体・液晶・フィルムなど、あらゆる業界に及んでいる。外観検査といっても、小はナノレベルのものから、大はタンカーの甲板、石油備蓄タンクの検査まで幅広い。いずれも個々のユーザーのニーズに対応していくと、検査は製造現場に限らず流通過程からメンテナンス、エンドユーザーまで、すべてに関係してくるからである。

これまでの技術の進歩について、山田吉郎会長は新幹線の速度を例にあげる。

「当社が一九九三年に新聞広告を出したときのキャッチコピーが『新幹線のぞみの、試作車であるWIN350の車体についた〇・三ミリの汚れを見逃しません』だったのが、二〇〇六年に出した広告では『時速六〇〇キロで走るリニア新幹線の側面についた〇・三ミリの汚れを見逃しません』というように、時代の進歩とともに歩んでいます」

画期的なベンチャーに苦労はつきものだが、画期的であればあるほど、意外なところに問題があるのが、最先端の科学・技術の世界である。その道の専門家の存在が、時に普及の障害になるケースもある。

「画素を超える概念は、専門家にとっても未知の部分なので、画像処理の専門家も、大学の先生も、肝心なところが本当にわかっているのかという疑問もある。以前は『そんなことは、本に書いていない』とか、信じられない言われ方をしたこともありました」

と山田会長は嘆くのだが、誰でも簡単にわかるならば、独走的な技術と言えないわけである。その意味では、ライバルはいないのだが、乗っ取りの対象とされたこともある。

M&Aは今日では当たり前になっているが世界一の技術ともなると、表立った買収交渉、アプローチではなく、後になって某大手メーカーがテクノスを傘下におさめようと画策していたことがわかったり、最先端のベンチャーならではの苦難がある。

人間の目の不思議

今でこそ、バイオミメティクス、バイオインスパイアードといった技術が脚光を浴びているが、テクノスではすでに一九八〇年代から、その実用化に取り組んできた。

小学生のころから電気の街・秋葉原に出入りしてきた山田会長は、高校時代には「相模電子工業研究所」なるベンチャーを創設、家電製品の修理から販売まで手掛けた他、テープレコーダーの特許を出願している。電気の世界にとどまらず、広く発明、機械、コンピュータ、製造に関わり、大学院を卒業後も、本格的に「テクノス」をスタートしてウラン濃縮に関する国家プロジェクトに参加するなど、幅広い分野に関わりをもってきた。

そんな中で出会ったのが、自動制御、光電センサー、分光分析などの検査および画像処理の世界であった。

当初、手掛けていた画像処理はユーザーのニーズによって、錠剤の検査機だったり、紙製品の検査装置だったり、業界業種により対象がそれぞれ異なっている。その度にユーザーからサンプルをもらって、どのように組み立てるかを設計。コンピュータを朝まで動かしながら、半年がかりで作り上げていく。

その実績をもとに、別の新たな仕事が持ちかけられるのだが、個別の作業には限界があって、注文は来るのに思うように対応できない。そんな中で山田会長が「一番ショックだった」と語るのが、昔あったソノシートの検査機づくりを、納期がとても間に合わないため断ったことだという。相手に対する申し訳なさもあって、山田会長は個別のモノそれぞれにしか対応できないことに対する打開策、要するに汎用性のあるシステムを確立する必要を痛感することになった。

困った山田会長がツテを頼って紹介されたのが、富山大学の八木寛教授であった。人間の目の、意外な機能を教えられ、なぜこれまでの機械ではできなかったのかを思い知らされた。

というのも、同じ大きさのものも、人間の目では、白い紙に黒か、黄色か、白かで、見え方が全然ちがってくる。点と線とでは、同じ太さのものがちがって見えるのだが、画素で言えば、数字上、計算上は同じものでしかないからだ。

これまでの画素の考え方というのは、対象物を縦横に、オンかオフかという、それだけの世界であり、三次元の世界での体積という考え方が抜け落ちている。そんなところから人間の目の構造に着目、人間の目であれば、鉄の検査から、紙の検査まであらゆるものに対応できる。その柔軟で応用の効く人間の目の機能を電子回路に置き換えてしまえばいいというわけである。

一九八四年には「三次元方式」のセンサーの開発に成功。これは明るさ（明度）を対象画像のタテ・ヨコ（X・Y）に対して、Z軸に取ったもので、三次元に住むわれわれが、平面だけではわかりにくい対象物の変化＝欠陥を体積のちがいから、容易に見分けることができる仕組みを取り入れた。

さらに、九〇年には「人間の目の不思議」を電子回路に置き換えるというコンセプトで人間の目の水平細胞の機能を持つ「ニューロ方式」を開発。人間の目と同じレベルのセンサーの開発に成功した。

人間の目では、明るいところから暗い室内に入ると、その瞬間はものすごく暗く感じる。逆に、真っ暗なところに光が当たっているとその明るさが強調されて見える。

あるいは、目の網膜にある光受容細胞（光センサー）の明度精度は、たった二十段階しかなく、しかも明度に対するバラツキが五％あると言われている。数字だけ見ると、極めて低レベルで、しかも安定性に劣る。

だが、実際には人間の目はその低レベルのセンサーを使いながら、総合性能としては千五百から二千段階の明度を判断できる、とてもCCDカメラ方式等の機械では得られない高精度を実現している。

九七年には、人間の目が同じトレンドの中で、微妙にちがうものを仲間外れと認識する原理を用いた「トレンド・センシング」を開発。さらに「チェスマジック」は白黒の格子状のチェス板など、CCDカメラやセンサーが苦手とするもので、人間の目でも混乱しがちなものの一つだが、このギラギラした状態になるのを、肉眼以上に明確に捉えることができる技術である。

二〇〇二年には、人間の目の固視微動と呼ばれる機能のうち、トレモア（微震）の機能を電子回路化した「トレモア・センシング」を開発。欠陥検出精度が、目視の一一六・五倍を超えることになった。

テクノスの技術は、こうした人間の目の不思議、人間の素晴らしさを電子回路化することによって、人間の能力を超える検査能力の自動化を可能にしたものである。

「人間は色系の欠陥であるムラと凹凸とを同時には検知できないのですが、テクノスのワンパス・センシングは世界で初めて、この同時検知を行うことを可能にした」と、山田会長は強調する。

二〇〇三年には、目視の確実性を実現した「ヒューマン・センシング方式」を開発するなど、次から次へと、新しい機能に対応する技術を開発、今日に至っている。

メンテナンス事業

いわゆるセンサーができて、およそ四十～五十年。「今後はセンサーの要らない製造の世界ができれば、それが一番いい」というテクノスでは、欠陥撲滅運動なるものを展開していて、次なる目標は検査のない生産ラインづくりだという。

例えばメンテナンスに関して、どういう状態で欠陥ができてくるのかがわかれば、事前に対処できる。原因がわかれば、それを取り除いてやる。そうすれば、欠陥は出ないというわけである。病気で言えば、病気にかかる前に健康管理に気をつけるようなものだ。その意味でも、テクノスの将来ということを考えたとき、興味深いものの一つがメンテナンスおよびセキュリティ関係であろう。

テクノスが手掛けた典型的な例では、生ビールの樽入り容器がある。圧力容器になっているので、構造上、凹んだところに特有のヒビが入りやすい。事前に試飲することもないので「さあ、飲もう」と開けたら、ただの黄色い水になっていたという事故が生じる。

人間の代わりに、テクノスのセンサーをつけたところ、その欠陥がなくなったというので、非常に感謝されたという。

また、事前のメンテナンスに関しては、工場出荷時点ではなかったキズが、ユーザーのもとに届いた時にはついていたといったケースがある。そんなトラブルを避けるためには工場出荷時点では無キズだったことを、事前にチェックして証明をする必要がある。

中には一ベンチャーのレベルを超える日本経済全体に関わるケースもある。

例えば、七階建てのビルに相当する石油備蓄タンクの内面のキズの有無を調べるのに、通常は二カ月半から三カ月かかる。それが、テクノスのセンサーだと、わずか六分程度ですんでしまう。全国に四百ほどある石油備蓄タンクの検査をテクノスのシステムを利用すれば、備蓄タンクもより効率的な使用ができるというわけである。

あるいは、飛行場の滑走路の検査といったものもある。検査の日は全部の飛行機が飛び立った後に、三十人が横一列に並んで行っているという。約二時間かかる検査が、テクノスのシステムを使えば、わずか四分ですんでしまう。

とはいえ、石油備蓄タンクなどの危険物には、消防法上「目視」による検査が義務づけられているように、意外な問題が普及のネックになっている面もある。

木を見て森を見る

最近はさまざまな事件の犯人の映像が、テレビその他で公開されることが多くなっているが、監視カメラの映像そのものに死角が多く、その解像度も極めて低い。そんな監視カメラの状況を考えたとき、セキュリティ・防犯関係も、今後は大きく変わる可能性がある。

テクノスのセンサーの特徴は「木を見て森を見ずではなく『木を見て、森を見て、はるか彼方の宇宙まで』というのが、私のテーマです」という山田会長の言葉にあるように、テクノスの目指す世界は大きい。

衛星画像を使ったリモートセンシングの世界では、ロケットの打ち上げなどに利用しているが、時速六〇〇キロで走る車体から〇・三ミリのキズを検出するテクノスのシステムを利用すれば、例えば大陸間弾道弾ミサイルの発射など、瞬時に検出できる。平和利用が原則とはいえ、そうした可能性まで考えた時、画素で語られてきた映像の世界に革命的な変化を促すテクノスの科学・技術は、ほとんど一ベンチャーのものというよりは、国家的な財産のようにも思えてくる。

日本発の科学・技術として、海外に関しては、日本企業が進出している台湾、韓国、中国、東南アジアにはすでにテクノスのシステムが入っている。二〇〇八年にドイツ・ハノーバー・メッセに出展して、ヨーロッパなどはこれからである。というのも、そこには基本的に海外では日本ほど検査のレベルが厳しくないといった事情もある。

規模の大小、日本と世界、さらに宇宙を視野に入れた時、テクノスの今後が注目される。

❖　❖　❖

日本発明大賞・東京都知事賞

「テクノス」の山田吉郎会長との出会いは、二〇一〇年一月に新潟で行われた新潟大学社会連携フォーラムに出席したときに話を聞いたのが、最初であった。そのときの印象は極めて正統的な、いわばベンチャーの中のベンチャーというものだ。

もちろん、実際には最先端技術につきものの苦難は本文にもある通りである。

後日、あらためて本社を訪ねて取材したわけだが、取材が終わった後、突然「早川さん、川野辺さんって知ってますか」と言われて驚いた。私の知っている川野辺さんは、私のジャーナリストとしての恩人の一人である光文社・月刊「宝石」編集長の川野辺文雄氏だけである。

何でも山田会長の夫人は川野辺氏の下で仕事をしていた女性で、川野辺氏に仲人をしてもらったというのである。ここでも意外な接点にビックリした。

一般的に、ベンチャー企業というと、ソニーや本田技研がすぐに思い浮かぶ。その特徴は、技術者と財務担当という二人の中心人物がいて、その二人三脚があって大きく育つということである。だが、理想的なパートナーはいるようでいない。

それはテクノスの山田会長が抱える当面の悩みなのではないだろうか。

わかってはいても、求めて得られるとは限らないのが、ビジネス社会の現実である。しかも、最先端の技術、世界№1ベンチャーともなると、単純にいいものだから売れる、というものではない。

最先端であるゆえに、既存の科学の常識を超えているとなると、肝心の学者が理解できない。理解できないとなると、彼らは新しい技術にとっては普及・啓蒙の敵となる。

価値がわからないから、「日本発明大賞・東京都知事賞」など数々の賞が与えられる一方、なかなかビジネスにつながらないという現実もある。

だが、次から次へと技術革新が続いて、例えば東京都中小企業振興公社が一生懸命応援する形で定期的に開催される「新技術・新工法展示商談会」で、全国の業者との面談会をセッティングしたりしてくれる。

社長から会長へと立場が変わった現在も、研究開発そして営業の第一線に立ち、精力的に日本全国を飛び歩く日々が続いている。

その歩みは相変わらずのようだが、確実に価値観が大きく転換しつつある現在、ようやく打開される日も近いということだろう。

第8話

小さくてもクラゲで世界一「加茂水族館」

村上龍男　館長

❖お荷物水族館がクラゲで再生、鶴岡市に八千万円寄付
❖オワンクラゲが脚光を浴びたノーベル賞特需
❖進行中の水族館改造計画（二〇一四年）

オシャレなデートスポットとして人気の水族館とはちょっとちがう田舎の水族館が、年間二十万人を越える来場者数を記録している。地元の魚を展示したり、アシ

カやアザラシのショーなど定番のサービスもあるが、やはり「クラネタリウム」と呼ばれる幻想的なクラゲ展示コーナー、クラゲレストランに人気がある。

それも、多くの公共施設が赤字に悩む中、鶴岡市立加茂水族館は設備費も宣伝費もない中、どん底から蘇って、超優良水族館になった。その原動力が、世界一の展示数を誇るクラゲだった。

ノーベル賞特需

加茂水族館（村上龍男館長）は正式には鶴岡市立加茂水族館である。市立の、しかも水族館が、なぜ「ベンチャー」なのか。おかしなことのようだが、ここで取り上げるのは、近年の強欲資本主義、マネー至上主義に毒された企業社会を見ているとビジネス社会よりはビジネス環境を離れたところに、むしろビジネス・企業・商いの本質を理解するヒントがあるのではないかと思ってのことである。

訪ねていくと、加茂港にほど近い断崖絶壁にポツンと老朽化した可愛らしい水族館が建っている。鶴岡駅からバスの便もあるとはいえ、交通の便がいいわけでもない水族館が、休日、行楽シーズンともなると、全国からの観光バスやマイカーの入館者でにぎわう。

その入口に「営業中」と書いてある。

「私はここは商売だと思って、お客さんを大事にするという意味で、そう書いたんです」と、村上龍男館長は奇を衒うつもりなどさらさらなかったというが、およそ「市立」といったイメージとはほど遠い。

入り口に「営業中」と書かれた加茂水族館

加茂水族館は山形県唯一の水族館で、小さいながらも世界の海や川にいるいろんな生き物が集まっている。パラオコーナー、地元・庄内浜の生き物、庄内地区の淡水魚コーナーもあるが、中でもクラゲの展示では、常時三十五種類以上と、世界一を誇っている。

照明が落とされたほの暗いクラゲの展示コーナーで、ライトアップされた水槽の中を大小、姿形、色とりどりのクラゲがゆらゆら泳ぐ様は、そのまま幻想的なショーである。それが天体のプラネタリウムに似ているところから「クラネタリウム」と呼ばれている。地域の小学生の命名だというが、子供だけではなく、ストレスの多い現代人には癒しの空間として人気なのが、よくわかる。

水槽にはていねいでユニークな表示・説明がついている他、よく見えるようにルーペが設置されている。クラゲの餌づけ、学習会など、体験コーナーも揃っていて、水族館の定番であるアシカ・アザラシショーもある。ウミネコの餌づけなど、大施設とちがって身近に見ることができて、わりと簡単に体験できる良さもある。

併設のクラゲレストランにはクラゲ以外のメニューも揃っているが、目玉はエチゼンクラゲ定食、クラゲラーメン、エチゼンクラゲ刺し身、クラゲ春巻など。デザートもクラゲアイスクリーム、クラゲコーヒーゼリーなど、クラゲ尽くしである。

売店にはお土産用のくらげ入りまんじゅう、くらげ入り羊羹、クラゲのぬいぐるみ、Tシャツ、ネクタイ・タイピンなど、加茂水族館でしか買えないさまざまなクラゲ関連グッズが並んでいる。

この小さな水族館が一躍脚光を浴びたのが、オワンクラゲの緑色蛍光タンパク質（GFP）を発見した下村脩博士が二〇〇八年のノーベル化学賞を受賞したときであった。オワンクラゲを常時展示しているのは加茂水族館だけということと、あらためて世界一のクラゲの水族館として話題になったのである。

二〇一〇年の四月には下村博士が夫人同伴で加茂水族館を訪れ、一日館長を務めている。「クラゲは大嫌い」という博士だが、世界一を誇るクラゲの展示を見て、多くのクラゲの繁殖に成功していることなどを知って、その努力に「大したものだ」と感心していたとか。

ノーベル賞後の加茂水族館は、ノーベル賞特需ともいえる効果で、来館者が急増。二〇〇九年度の入館者数は、二十二万人を超えるというオープン以来最高を記録した。

クラゲ展示数世界一

クラゲの展示数で、日本一になったのが一九九九年。世界一になったのが二〇〇五年であり、ノーベル賞特需以前にも、近年はクラゲそして加茂水族館がクローズアップされる機会が増えている。

例えば、二〇〇一年以後、日本近海でエチゼンクラゲが大量発生し、しばしば漁業に被害を及ぼして話題になっているが、このときもエチゼンクラゲを展示しているばかりか、刺し身にして食べているところとして脚光を浴びている。

二〇〇六年三月に生まれたゴマフアザラシのメスに、トリノ冬季五輪で金メダルに輝いたスケートの荒川静香選手にあやかって「しずかちゃん」と命名。その噂を耳にした彼女が、その年の十月に来館するというニュースもあった。

そして、クラゲの研究分野での世界一に相応しい話題が、二〇〇八年五月、日本動物園水族館協会「古賀賞」の受賞である。古賀賞は希少動物の保護繁殖に尽力した元同協会会長で、初代東京都恩賜上野動物園園長の古賀忠道博士の功績を記念して創設されたもので、毎年、動物の繁殖向上に功績のあった動物園・水族館に贈られる、業界関係者にとって最高の栄誉ということである。

通常、クラゲはポリプという組織があって、そこから卵が生じてくるのだが、加茂水族館は卵から直接生まれるオキクラゲの繁殖に世界で初めて成功した。

「オキクラゲだけは別格で、誰も繁殖できないとされていたんです。それにウチの若い研究員が挑戦して、二年間かけて、卵を孵化させ、それを育てて、卵を生ませる累代繁殖に成功した。他の立派な施設とちがって、私のところは何もない。本当にどうしようもないところが、一瞬でも業界のトップに立てたことは、本当にうれしかった。その内示があったときには、体が震えた」

と、当時の驚きと喜びを表現する。

秋篠宮を迎えての、名誉ある受賞式では、いつもは壇上にのぼることなく、会場から表彰を見ているクラゲ担当の奥泉和也が、百五十人ほど集まった全国の園館長の前で、その年は講演した。展示数だけではなく、クラゲの研究に関しても、世界一を証明する記念すべきできごとというわけである。

その意味では、近年は順調な歩みを続けているように見えるが、日本一あるいは世界一の展示数を誇っていても、当初はとても満足のできる状態ではなかった。事実、村上館長もよく知っている水族館の専門家からブログ上の水族館ランキングとはいえ、公然と「ランク外」の烙印が押されていた。

あるいは、二〇〇五年五月出版の『水族館の通になる』（祥伝社新書）の巻末に掲載されている全国の水族館の一覧表にも、加茂水族館の名前はない。当時は、その程度の日本一、世界一だったのである。

クラゲに出会う

加茂水族館の前身は、一九三〇年（昭和五年）に地元有志により設立された「山形県水族館」である。その後、県からさらに加茂町へ譲渡されるなどして、一九五六年に「鶴岡市加茂水族館」として再開館。六四年四月、現在地に移転、新築となったのが、現在の水族館のスタートである。

スタート当初、二十万人の入館者を集めた加茂水族館は、六七年に㈱庄内観光公社に売却され、長く民間営業の時代を経て、二〇〇二年に市が買い戻すことで市営となり、〇六年からは鶴岡市開発公社が指定管理者となって、今日に至っている。

開館当初は二十万人前後の入館者でにぎわい、その後、十四万人前後で推移してきた入館者は、バブル崩壊や近隣県にできた大型の新しい水族館のオープンとともに落ち込み、経営の危機に直面した。

どん底の九七年、九万人台に落ち込んだ水族館を、クラゲに出会うことによって世界一のクラゲの水族館として生まれ変わらせたのが、村上館長および彼と苦楽を共にした若いスタッフたちであった。

古賀賞はクラゲの養殖などの研究面と同時に、クラゲ館長としての村上館長の経営手腕・アイデアなども評価してのものでもあった。

多くの水族館が公的な資金、補助金などの支援を受けながら、なお財政難に陥っている中で、なぜ資金もなく研究体制も十分ではない、条件的には最悪の水族館が優良施設になったのだろうか。

クラゲは通常、展示してからの寿命が三〜四カ月しかないものが多い。巨大になるエチゼンクラゲでも二ミリ程度のものが十カ月で巨大な大きさになって死んでいくように、寿命は短い。それを上手に飼育し繁殖させ、常時、展示できるようにするのは、非常に難しい。

「なぜ、あの飼育が難しいクラゲで一番になれたのか。一番条件の悪いところで、なぜできたのか」と聞かれて、村上館長は「何もなかった、最悪の条件だったからできたのではないか」と、意外な答えをする。

「これは経営の神髄だと思うよ。私は一番恵まれないと思っていたんだけど、実は一番いい条件を与えられていた。お金もない、従業員もいない代わりに、たった一つあったのが経営の自由です」

というのも、多くの施設が場所も人員も資金にも恵まれ、何不自由ないようでいて、経営の自由がない。そこで、何かをやろうとすると、組織的に水族館とは関係ない人物の判断を仰ぐ必要があったり、スピーディさに欠ける。事実、加茂水族館の再生そしてクラゲの展示世界一は村上館長に経営の自由があったからこそ、できたことであった。

もちろん、経営の自由は、そう簡単に手に入れられるものではない。後述するように、民営時代に館長として、多額の借金を背負わされる中で、血のにじむような努力によって困難を乗り越え、実績を摘むことにより自ら勝ち取ったものでもある。

勉強はするな

村上館長は一九三七年十一月、東京・原宿で生まれた。父親が慶應義塾大学病院に勤める医者だった関係で、実際には山形県・出羽三山の一つ、羽黒山のふもとで育った。もともと成績優秀だった彼だが、小学校四年生ぐらいから勉強嫌いになって、中学時代は砂を噛むような暗い毎日を送っていたという。

代々の医者の家系で、本来であれば、彼もその道を継がなければならないのだが、それがプレッシャーになり、周囲の期待や学校教育の重圧によって押しつぶされ、落ちこぼれとなってしまったのである。

当然、高校受験に失敗。縁あって、山形県の南端、新潟との県境にある山の中の基督教独立学園高等学校に入学できた。そこで彼は初めて自分の居場所を得ることができ、それが現在の仕事につながっていく。

学校の方針は「大学受験のための勉強はするな」というもの。それを、彼は下の部分の「勉強はするな」だけを聞いて、三年間、伸び伸びと過ごした。学校の下にある川で魚取りに夢中になり、あるいは山で遊んで、冬には鉄砲撃ちに行って、タヌキやヤマドリなど手当たり次第に仕留めたという。

全寮制のため、食事の当番のとき、明日食べるものがなくて、あわてたりすることもあったというが「それでも、面白かった。すごく面白かった」と、いまでも懐かしそうに語る。

さすがに三年の秋になると、校長先生が呆れて、卒業後のことを心配して「お前は魚取りが好きだから、ここはどうだ」と、魚の調査をしている山形大学の先生のことが載った新聞記事を持ってきた。

そこで、受けるには受けたが、勉強していないので、まったく歯が立たなかった。結局、翌年、独学で受験勉強をして受かったのが、山形大学農学部であった。農学部だが、動物なら何でもいいという応用動物学の研究室に入って、魚の研究をやった。

一九六三年に大学を卒業。本当は水族館や魚の養殖関係の会社に就職したかったのだが、当時は地元では就職先がなく、地元出身者がやっている東京の商事会社に就職。なれない営業に従事した。

三年後、恩師から「帰ってこい」と言われて、水族館に勤務し、一年後の六七年から館長を任されるのだが、そのときに役立ったのが、三年間の東京生活と高校時代に培われた自由な発想だという。

すべてが今日につながり生きていることについて、村上館長は「高校に落ちたのが良かったんです。だから、人生、何が幸いするかわからない」と、しみじみと語る。

オセロゲーム

〝ノーベル賞特需〟で入場者数がオープン以来最高の二十二万人を超えるという二〇〇九年の反動もあって、二〇一〇年は一〇％程度のダウンは避けられないと思われたが、猛暑や雨にたたられたにもかかわらず、前年よりも良さそうだという。

クラゲの人気に改めて驚かされるが、全国の立派な水族館と大きくちがう点は、少なくない。その一つが、大半の水族館が経営的に赤字で、補助金などで何とか成り立っている現実がある中で、実は加茂水族館が経営的にも優良施設であるということだ。

事実、この八年間におよそ八千万円を鶴岡市に寄付している。

「これは小さいからできたんです。中央に対抗するような大きな施設をつくって、経費がかかるようなものだったらやっていけない。よそにはない個性を発揮したから、何とかやっていける」と、村上龍男館長は強調する。

もちろん、ここに至るまでには幾多の苦難、紆余曲折があった。

「人生というのはオセロゲームだと思いますよ。振り返ってみると、ほとんど負け戦です。だけど、最後の最後にクラゲに出会った、その最後の〝石〟一つ置いたら、いままでの負け戦が、全部勝ちにつながったという感じだなぁ」と、クラゲとの出会いに思いを馳せる。

一九九七年四月、業者を通じてインドネシアからサンゴを購入して「活きた珊瑚と珊瑚礁の魚展」を行った。そのとき、サンゴの根元にクラゲのポリープがついていたのだが、あまりに小さくて、最初はクラゲだとはわからない。現在、クラゲを担当している奥泉和也氏だけが「もしかしてクラゲじゃないか」と思ったそうだ。

そのクラゲを展示したところ、ユラユラと泳ぐクラゲを見て喜ぶお客の姿が、これまでの展示を見る反応とは明らかにちがっていた。キャーキャーと騒ぐ姿を見ながら、村上館長は、だんだん「これはすごい」とわかってきた。そこで、もっと展示しようとタコクラゲなどを購入。水族館前の海に泳いでいるアカクラゲなどを捕まえてきて展示した。すると、それを見て、また客が喜んでいる。

だが、クラゲの命は当初は二週間しかなかった。そんな頼りない世界一へのスタートであった。

「クラゲに目をつけた彼がいなければ、いまのここはない」と、村上館長はいうが、加茂水族館のクラゲとの出会い自体が、全国的にいえば遅れていた。同じように、他の水族館でもサンゴを展示していて、クラゲに出会っている。実際に七〜八種類のクラゲを展示しているのだが、なぜかその先がない。

「担当者は本当はもっとクラゲに力を入れたかったんですよ。だけど、組織の大きいところは、クラゲを見るお客の反応や担当者の思いを吸い上げる力がなかったんじゃないかな」と、村上館長は他とのちがいを語る。

その結果、加茂水族館は一九九九年に江ノ島水族館のクラゲ展示数を抜いて日本一となり、二〇〇五年にアメリカのモントレーベイ水族館を抜いて世界一となり、さらなる高みを目指しているのである。

クラゲを食べる会

クラゲに賭けて、とりあえず日本一となった加茂水族館だったが、それは今思い返しても、無謀なチャレンジであった。当時の加茂水族館の実力は、資金不足でクラゲの飼育に不可欠な顕微鏡さえ買えないようなところだった。水槽などもみな手探りの状態から独自に開発せざるを得なかった。

実際には「自分たちでやれるはずがない」という大きな不安を抱えながら「でも、何とかできるんじゃないか」という一縷の望みを頼りに進めたもので、実力が伴ってはいなかった。事実、夏になったら、水温が上がってクラゲが死に始めた。

「五度下げられれば、簡単には死なない」と担当者はいうのだが、その温度を下げる装置を買うお金がない。

「いや、ゼニがないんだ」

困った挙げ句、同じクラゲから生まれる子供なのに、白からブルー、ワインレッド、チョコレート色になるクラゲがいる。それを色別に分けて展示して、何とかごまかした、いわば何でもありの日本一だった。

「姑息と言えば姑息なんですが、それでもやりたかった」という日本一だったが、誰も評価してくれない。逆に、入館者数は前年を下回った。地元の人は「クラゲを展示した」と言えば、来てくれるのだが、一巡すればそれで終わり。加茂水族館の入場者数は冷えきったままであった。

何とかしなければと思うのだが、ただでは人は来ない。困った末に思いついたのが、二〇〇〇年九月に企画した「クラゲを食べる会」であった。加茂の海に泳いでいるクラゲを見て「あれ、食えるぞ」ということで、捕まえてきて、しゃぶしゃぶをメインにしたクラゲ料理を始めた。

「いろんな料理で、どんどんサービスしてやっているところがあると、恐らく日本中で話題になる。そのときに、クラゲの展示のことも取り上げられるはずだ」

そう思った村上館長は、早速、担当を決めてやろうとしたのだが、みんな笑うだけで、本気にしなかった。いまでこそ、あちこちで似たようなことをやっている。クラゲのアイスクリームもあるが、それを最初にやる人間には、多くの乗り越えなければならない壁がある。当然、度胸もいる。

その「クラゲを食べる会」が、大当たりした。毎年一回ずつやるうち、越前クラゲが日本近海に揚がり出して、クラゲが話題になる度に、加茂水族館がクローズアップされる。その間、いろんなアイデアが出てきて、お土産用のくらげ入りまんじゅうとくらげ入り羊羹という代表商品ができた他、クラゲをミキサーにかけて細かくしたものを乗せるウインナコーヒーも誕生した。

「考えようによっては、別にしなくていいことをするわけです。だけど、それで商品価値がつく。その結果、どれだけ報道機関が取り上げたか。宣伝費がないわけですから、私の勝負はそこなんです」

事実、いろんな形で取り上げられ話題になった結果、ここに全国から人が来るようになって、今日に至るわけである。

命がけの経営

村上館長がクラゲと出会った当時、加茂族館はまだ民営の時代だった。

一九六四年四月、現在地にできた鶴岡市加茂水族館は六七年に、㈱庄内観光公社に売却された。それ以来、館長となった村上氏は、加茂水族館とその後の運命を共にする。辛く厳しいビジネス体験というよりも、人間修行の時代であった。

庄内観光公社はいわゆる第三セクターで、湯野浜温泉の裏山一帯を観光開発するため、日帰りのヘルスセンターなど、新事業を起こしたのだが、四年後には倒産。その後、東京の商事会社が経営を引き継ぎ、ホテル事業などを始めるのだが、相変わらず苦しい経営が続いた。

オープン当初、二十万人の入場者数があった加茂水族館は、庄内観光公社にとっても、その後を引き継いだ商事会社にとっても、実は大切な金づるであり、水族館の売上げが常に新事業や負債の処理に回されていた。

そんな中で、村上館長は水族館の運営だけではなく、取締役から専務になり、やがて代表権を持たされ、家屋敷を抵当に入れて資金調達をさせられた他、一九八二年にはホテルの借金までが、彼に負わされることになる。

ずいぶんヒドイ話である。

「でも、本当に私は感謝しているんです。もともと、医者の伜で世間知らずに育って、そのまま大人になってしまったような甘い人間ですから、水族館の売上げを持っていかれて、代表権を持たされ、追い詰められていく過程で、経営とは何たるものかを教えられた。経営とは命懸けですものだということです。もし、その経験がなかったら、いくらクラゲに出会ったって、本当の力にはなりません。力を発揮できなかった。もちろん、私一人ではない。そういう低迷しているときに、一緒に苦労した者が最後に力を発揮したから、現在があるんです」

クラゲに出会う以前、当然、辞めようと思ったこともあった。水族館の売上げを、親会社がみんな持っていく。このままでは、いずれダメになる。何とかしようと思って、社長ともケンカになり、クビにされかかったこともあった。

そのとき辞めなかったのは「よくよく考えてみると、自分はまだ何もやっていなかったし、ただ金を持っていく連中に負けたような形で辞めるのは、やっぱり悔しかった。どうせ辞めるなら、一回盛り返して、一矢報いてからだ」と思い直したからである。

長く民間の時代が続いた加茂水族館は、クラゲの展示で日本一になったという明るい材料がある一方、老朽化が進んで、親会社の手に負えない状態になった二〇〇二年に、再び鶴岡市に買い戻された。

その三カ月後、役所に呼ばれた村上館長は市の担当者が調べ上げた条例に違反している内容を、直ちに改めるように求められた。改めれば、客が来なくなるようなものばかりであったため、村上館長が要求をはね除けると、相手も必死で、次の議会にかけるという。村上館長は「どうしても改めたいというのなら、私をクビにしてからやってくれ」とタンカを切った。

村上館長に開き直られると元も子もなく、結局、相手が引き下がった。それ以来、水族館のことは現場に任せるという方針になっている。そうやって、手にした経営の自由なのである。

水族館改築計画

二〇一〇年四月、一日館長を務めてくれたノーベル賞の下村博士は「自分は特許申請したことがない」という。村上館長はビックリしたそうだが、実は密かに納得するものがあった。というのも、加茂水族館でも水槽その他、独自に開発したものがたくさんあるのだが、特許は取らない方針なのである。

「こういう小さくて力のないところだから、人と仲良くして、相手にみんな与える。そして、相手からもこっちが何か欲しいときはもらう。そういう関係が大事だと思って、意識的にそういう協力体制を築いてきました。でないと、こんなところで世界一なんかできなかった」

オワンクラゲがうまく光らずに困っているときには、下村博士が電話をしてきてくれて「エサに発光物質であるイクオリンの働きを高めるため、セレンテラジンを加えるといい」と、教えてくれたこともあった。そこには、何でも金にする強欲資本主義、マネー至上主義とは無縁の気持ちのいい交流がある。

問題はこれからであるが、二〇一〇年三月に策定された「鶴岡市立加茂水族館改築基本計画」は、村上館長の案がそのまま市の計画になっている。策定前の一月からは、すでに新施設が完成しているという前提で、エサにするためのクラゲを大量に飼育するなど、新しい加茂水族館づくりがスタートしている。

「新しい水族館は小さいながらもクラゲを中心に、世界中にここにしかないというものを発信していきたい。そして、将来も税金を使わず、自力でやっていくことで、全国の立派な水族館に対抗していく。弱小水族館の劣等感の裏返しかもしれないけど、いまに見ていろという思いです」と語る村上館長の言葉は力強い。

「仏作って魂入れず」というが、新しい水族館の建物は仏、魂は制度である。その魂をいかに、新しい水族館に合ったものにできるかが、成功するかどうかの分かれ目だというが、いまから二〇一四年の新・加茂水族館の完成が楽しみである。

❖　❖　❖

三十年ぶりの電話

長年、雑誌の連載をしていると、読者からのいろんな反応がある。水族館をベンチャーの視点から取り上げたことで「加茂水族館」編は、おかげ様で「面白かった」と好評であった。私としても、実に面白く興味深い取材だったため、あらためて取材を重ねれば、一冊の本にできるのではないかと思ったものである。

そんな中、何とも懐かしい人物から連絡があった。ロス在住ジャーナリストとして、以前は日本のメディアにもよく登場していた北岡和義氏が、わざわざ「エルネオス」の市村直幸編集長に連絡先を聞いて、電話をくれたのである。

北岡氏は、私が初めてアメリカに行った四十年近く前、ラスベガス賭博ツアーやアメリカトヨタの取材などで、何かとお世話になった貴重な先輩である。いまは熱海に住んで、三島の大学などで教えているということだったが、その先輩から「含蓄のある話で、とても面白かった」と言ってもらえたのは光栄であった。一応、私の思いは通じているのだと、勇気づけられた。

そんな懐かしい声を聞けるのも、クラゲの展示で世界一という加茂水族館のおかげである。

取材に行った年の冬、加茂水族館では二〇一〇年から二〇一一年にかけての冬場に展示スペースを倍にして、三月からは、ただ見せるだけではなく、給餌タイムを設けて、クラゲの餌づけをした後、クラゲに触れるなど、より楽しめる内容になった。

だが、順調にいけば、二〇一〇年度は過去最高の入館者数を更新できるはずだったが、3・11東日本大震災で、それどころではなくなってしまったという。幸いにして加茂水族館自体は、岩盤に建っているためか、ほとんど地震の揺れも感じず被害はなかったというが、すぐにガソリンが手に入らなかったり、流通網の断絶のため各地から送られてくるはずだったクラゲが届かなかったりで、来館者も激減するなど、大震災の影響は大きかった。

そんな危機的状況の中、落ち込んでいた来館者数は、ゴールデンウイーク初日に、前年の倍の人が訪れたことで、急激に回復。二〇一四年のリニューアルオープンに向けて、本気モードの取り組みが続けられている。

展示スペースを倍にしただけではなく、さらに大型化した水槽にもチャレンジした。リニューアルオープンに際しては、これまでの七倍から十倍の水槽を想定しているというが、水槽が大きくなれば、当然それに見合った数のクラゲが必要というわけで、クラゲの繁殖、生育にも真剣に取り組んできた。

「自信はあって始めたことですが、実際にやってみると、途中で何度も打ち砕かれて、もうダメかなということもありましたけど、それもようやく乗り越えて、今はやっていく自信があります」と語る村上龍男館長の言葉からも、リニューアルオープンに賭ける意気込みが伝わってくる。

第9話

物理学の常識を破る技術の「JTPイオンシーリング研究所」

山本　誠　所長

❖繊維不況のため、セラミック素材シールを開発
❖ガン専門医が認めた制ガン効果
❖あらゆる分野に応用できるマイナスイオン製品の可能性

ガンなどの不治の病や生活習慣病が増加し、医療費が国家財政を圧迫し続けている。その一方で、マッサージや指圧、鍼灸、自然食療法などの代替医療が流行して

いる。西洋医学の限界を知り尽くしたＪＴＰイオンシーリング研究所の山本誠所長は、自然治癒力を高めることで病気を治すという「指圧代用品」による健康技術で、これまで多くの重病患者たちの病気回復を助け、実績をあげてきた。

その技術の元となるセラミック素材の持つ生命エネルギーを利用することで、医療面に限らず、農業や環境関連その他、あらゆる分野に使える可能性がある。

指圧代用品

現代医療が大きな矛盾を抱えていることはこれまでもいろいろなところで指摘されている。当たり前に考えても、あらゆる科学が飛躍的に発達したとされる二十世紀に、医学の進歩にも目覚ましいものがあって、立派な病院が林立し、巨大な製薬会社が続々とできた結果、肝心の健康も手に入ったはずなのに、実際は日本の医療費が国家予算（一般会計予算）のおよそ三分の一を占めるまでになっただけ（特別会計予算を含めた全体では約九分の一）。多国籍化する製薬企業が我が世の春を謳歌する一方で、病院の倒産が相次いでいる。しかも、病気が減って病院が倒産するのならわかるが、逆に治せない病気が次から次へと出てきているのだから、不思議な話である。

もっと不思議なことは、それだけの医療費を使いながら、結果的に病人あるいはその予備軍を増やして、ガンや治せない病気を難病と言ってすませ、ほとんど何の反省もない行政をはじめ、医師や病院、製薬会社など、いわゆる医薬業界の在り方であろう。

だが、反省どころか「今後の老人医療を視野に入れたとき、もっと予算をかけないと満足な医療体制は築けない」と聞かされると、ついそんなものかと思ったりもするわれわれ自身の問題でもある。

反省のないところに改革も進歩もあり得ないが、さすがに患者の側も大量に出される薬に疑問を感じて、飲まずに捨てるといった形で自己防衛をしたり、病院に行かずに健康食品やサプリメントの他、代替医療などに頼る人たちが増えている。

そんな自分の病気は自分で治そうという人たち、さらに西洋医学では治る見込みがないと余命宣告された人たちが、自分であるいは家族の協力を得て、また理解ある医師の協力による治療行為として、あらゆる病気を治せるとする革命的な自己自然治癒療法が、ＪＴＰイオンシーリング研究所（山本誠所長）のイオンシーリング技

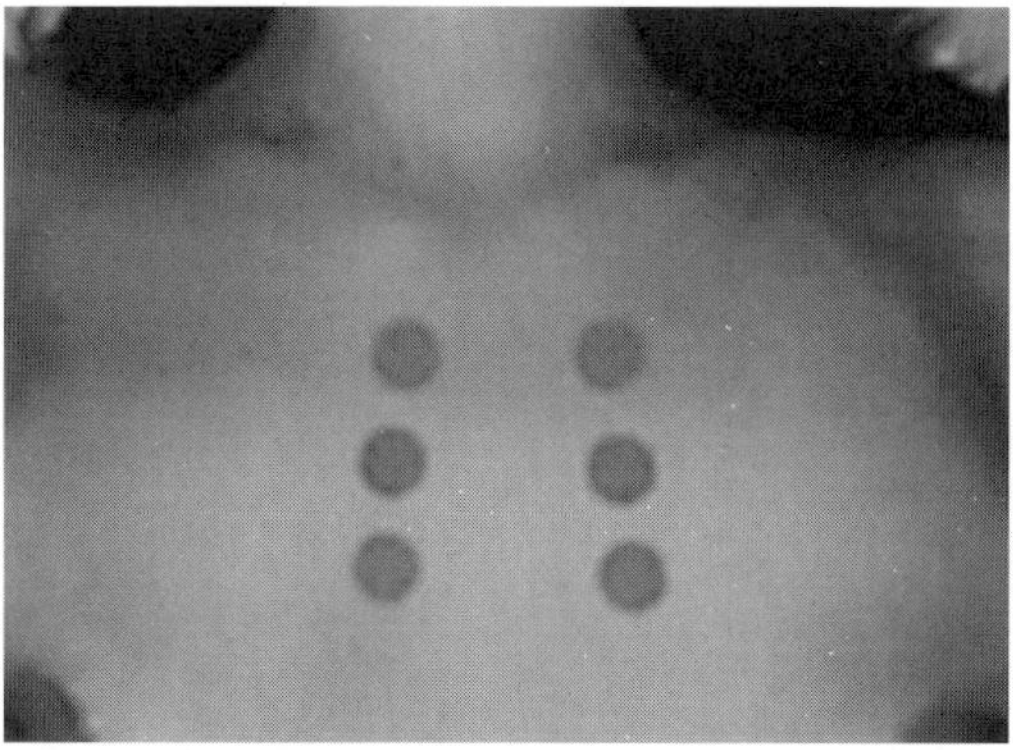

症状・患部によってさまざまな形のイオンシーリング製品を用いる

術である。

「奇跡は自らの自然治癒力で」とイオンシーリングの研究用教材の冒頭には書かれている。同時に、誤解されないように、同技術は「医学治療のように、直接病気やケガの症状を治すものではありません」と断ってあって、以下のように続く。

「イオンシーリング自然治癒療法は、私たちすべての人間に備わっている血液の循環代謝機能を基本とする自然治癒力を自己改善し、自らの手で自己自然治癒することを目的とする健康技術です」

つまり、血液の循環が良くなり、代謝機能が正常に働くようになれば、自己治癒力が高まって、結果的に腫れや痛みなどの症状が解消し、やがて病気も治るという道理である。そのとき使用されるイオンシーリング用品として、セラミックを素材にした各種イオンシールや指圧代用のＤｅＣｏ凸チップなどの他、オプションでオーダーメイドのサポーターや下着、キャップからソックスまでの健康機能衣料が揃っている。

これらの用品は、人間の生命活動に欠かせない遠赤外線効果やマイナスイオン効果、磁気効果などの微弱なエネルギー効果を最先端科学健康技術をもとにハイブリッド活用し、指圧代用品に成型したものである。

要するに、イオンシーリング療法とは、この指圧代用品を用いて、自然エネルギーを味方にして、血液やリンパ液などの体液循環を促進することで、自然治癒力を強化し、さまざまな健康問題を根本的に解消し、解決する民間療法というわけである。

そのため、結果はともかく、理論については常識的な医学の世界では異端とされる面があるのは、他の代替医療などと同様である。

私にも治せます

「人生の幸せは、まず健康から」をキャッチフレーズにするＪＴＰイオンシーリング研究所では、血液やリンパ液などの体液の循環代謝機能が老廃物や有害物質を除去排出し、必要な酸素や栄養素などの補給を行う円滑な生命活動に不可欠な要素であるとの認識のもとに、この循環代謝を正常にすることが、健康の必須条件であると捉えている。

ということは、実際の病気やケガの原因を問わず、いわゆる重い症状のものであっても、滞っている血液やリンパ液の体液循環を良くすれば、腫れや痛み、苦痛を急速に軽減できるということである。

事実、体液の循環代謝機能が働くことによって、腫れや痛み、苦痛が軽減することで、ゆっくり眠れるようになるとか、食事が取れるようになることによって、自己治癒力が働くようになっていく。

抗ガン剤に顕著だが、化学的な薬品は、病原菌に効く場合もあるが、副作用がつきものなように、基本的に人間にとっても害になる。

「抗ガン剤が何を阻害しているかというと、人間の体の中に要求していないものが入ってくるわけですから、防衛本能が働いて、細胞レベルで守りの姿勢に入ることで、循環が悪くなり肉体的に苦しい状態に陥る。逆に、抗ガン剤や強い薬をやめると、楽になる。それは人間の生命維持にとって、もっとも大切なものが循環機能だからです」

山本誠所長は人間にとっての循環の大切さを強調する。

本来、病気自体が命に対する危険を知らせるメッセージであるが、そこでは痛みや苦痛は身体の発するSOSであり、そのままにしていると、悪化して、本格的な病気に至るという重大な警告である。

イオンシーリング用品は自分の健康は自分で守る、自分で血行を良くすることによって、医者や薬に頼らずに健康な体を維持できるようにするための健康応援グッズでもある。使うものは、基本的に数種類のイオンシールなど、指圧代用品なので、少しの指導で、すぐに自分でもやることができる。

その昔、シャッターを押すだけで写せる八ミリカメラが登場したときに、女優時代の扇千景が「私にも写せます」と言っていたが、イオンシーリングの場合は「私にも治せます」というわけである。

もちろん「私にも治せます」と言っても、健康食品や一部の代替医療同様、薬事法の関係もあって、大々的に「治る」と宣伝したり、治療行為を行うことはできない。そのため、同研究所の研究用教材にも「症状については先ず医師の診断と治療を受けて下さい。その上で、自己の自然治癒力改善や健康向上を目指して下さい」と注意書きされている。

だが、通常イオンシーリング療法を試してみたいと考える人の多くは、医者にかかっていて病院に通っている人たちである。しかも、重症であればあるほど、病院や西洋医学では手に負えないというケースである。

「当研究所の技術の一つの特徴は全体に対して、循環を良くする。これが、いまの健康産業の基本ですけど、もう一つの特徴は問題の部分に局所的にエネルギーを及ぼして改善することができるようになったこと。エネルギーを及ぼす範囲、深さを自由にできる事で、画期的な効果を出せるようになったわけです。

しかも、即効性がある。だから『効果がなかったら、お金は要りません』と言えるのです」

こう、山本所長が胸を張ることができるのもイオンシーリング療法に理解を示し、協力してくれる医師がいるからである。そんな中には矛盾だらけの日本の医療に愛想をつかして、二十五年も前から「薬を出さずに病人を治すことをやっている」というクリニックもある。ちなみにそのクリニックでは食事と意識、ライフスタイルを正し、薬の代わりに自然のものからできているサプリメントなどを使うという。

そうした医療の現場で、イオンシーリング技術はいざという時の重要な治療法として愛用されてきた。

驚異的な効果

最初にイオンシーリング療法の効果を評価してくれたクリニックでは、山本所長の開発した下着類を、十年ほど前から使用している。当時はイオンシールが開発される前で、各種鉱石・セラミックを布に織り込んだマイナスイオンが非常によく出るというマイナスイオン下着であった。

そのマイナスイオンの下着類を、院長自身が臨床治療で実験して効果を確認した上で、治療に導入していたものである。その下着を雑誌などで推奨し患者にも薦めていた。

その効果について、当の院長は「一つは痛みに非常に効果があるということ。肩とか膝の痛みをやわらげる効果が優れている。つけているだけで痛みが緩和し、解消することもある。関節リウマチの痛みもやわらぎ、ガンの痛みが軽くなったケースもある」と語っているが、そのころと今とでは技術的には格段の差がある。

例えば、ガンについて、山本所長は「末期ガンでは自然治癒力が極度に低下していることが何より問題です。自然治癒力が低下しているため、腹水、尿の減少などの症状がいっそうひどくなります。それが自然治癒力を引き出すことで、体が適切な代謝機能を取りもどすことによって、体全体の循環が良くなり、さらに自然治癒力が回復していきます」と語り、使用上の注意を促す。

「イオンシーリング療法は非常に効果的ですが、症状が安定する前に中断すると、元の代謝不全の状態にもどる場合があるので、一定期間継続して行う必要があります」

　事実、ある人が心筋梗塞で入院して手術室にいたところ、心臓が止まって、心電図も動かない状態になった。あと二～三時間で、本当に亡くなるという状態になって、医者が家族を呼んだ。そのとき、イオンシーリング療法を知っていた人が、山本所長に助けを求めてきたことがあった。

　医師の許可をもらった山本所長は、集中治療室でイオンシールを貼って、指圧の要領でエネルギーを注入していった。すると、心電図が動きだし脈拍ももどって、息を吹き返したという。だが、病院側では「患者が生き返ったのは、病院の治療が良かったからだ」と言って、山本所長の技術を認めなかった。そこで、彼は貼ったイオンシールを全部剥がしてしまった。すると、たちまち元の悪い状態にもどってしまったため、結局、もう一回同じように貼って、助かったことがあった。

「そのときでも、病院としては認められないと言っていました。ただ、担当医としては認めますと言った。それが限度です」と、悔しそうに語る。

イオンシーリング療法を高く評価する医師がいる一方で、大半の医師はむしろ反発する。その意味では現実の壁は厚い。

指導者の養成

驚異的な効果を示す事例には事欠かないが、肝臓にしろ、心臓にしろ、機能不全で死ぬというときに、イオンシーリングを施すと、腫れあがっている細胞が正常になって、すぐに生き返る。そういう技術が確立できた今、山本所長としては、何とか少しずつでも広めていけたらと考えてスタートしたのが、指導者養成のための教室である。

薬事法自体に矛盾があるとはいえ、販売のみが先行すると、教育・指導面がおろそかになることから、ひたすら技術力を高め実績をつくり、データを集める一方で、イオンシーリングの知識・理論と使い方・技術を身につけた指導者の養成が急がれるからである。

というのも、指圧や按摩、針灸でも、あるいは西洋医学のメスや注射にしても同じことで、知識と技術が必要になる。イオンシーリングは自分で自己治癒力を高めるものであり、使い方を知らないと、当然ながら効果が半減する。

教室をつくり、多くの指導者をつくることによって、イオンシーリング技術を広めていく。その技術を身につけた人たちが、自分でイオンシーリング療法を行うことによって、健康になれば、結果的に膨大な額に上った医療費の削減につながっていく。それこそ、国家さらには人類に貢献する道である。

もっとも「初めから人類に役立てようなんて思ってつくっているわけじゃないですから」というように、山本所長がイオンシールを完成させることになった、そもそものきっかけは胃ガンの手術をした友だちから「切ったところが冷えるので、腹巻をつくってほしい」と頼まれたことからであった。

お見舞いの腹巻

伝統的に岐阜県は繊維産業と、もう一つ陶器・セラミック産業が盛んな地域であった。当時、繊維関係の会社が約二千社あって、彼の会社もその一つだった。もちろん、ただの腹巻なら山本誠所長に頼むまでもない。彼にも友人が喜ぶ特別なものとして、すでに目星をつけていた素材があった。ある健康関連の会社から頼まれてセラミックを使った遠赤外線やマイナスイオン効果のある繊維や下着の製造を請け負っていた関係から、ある程度の効果があることはわかっていたのである。とはいえ、セラミックのパウダーを繊維の中に練り込むという製造法では、肝心のエネルギー効果が劣るという物足りなさもあった。そこで、より効果が顕著な自社製品として研究開発に取り組んだのがイオンシール類であった。

友人が「腹巻をつくってほしい」と言ってきたのは、一応「これなら」という試作品ができた時期でもあった。臨床実験というわけではないが、さっそく、お見舞いに持っていったところ、友人の使用してみた感想は「温かくて、実にいい」というものだった。

「病院のことですから、その腹巻がすぐ評判になって、私もほしいという人が二十人近く出た。そこで試しにとあげたところ、もともとお腹が冷えるのであげたつもりが、腰痛が治ったとか、便秘が治ったとか、意外な効果がわかって『これは面白い』ということで、本格的にスタートしたのです」

と、山本所長は当時のことを振り返る。

それにしても、医者や専門の科学者からすれば、イオンシーリング研究所の山本誠所長は単なる素人(?)でしかない。その彼があらゆる病気や症状について「およそ治らないものはない」と断言できるのはなぜなのか。

そこには、案外、医者や科学者が専門であるゆえに見落としてきたものがあり、逆に山本所長が薬学や医学を専門にしてこなかったことで、現代の医学の至らない部分に気がつき、それを補うものを開発できたということであろう。

大学の空手部

山本所長は一九四四年一月、教員をしていた父親の勤務先の神戸市で生まれた。戦争中のため、その後、母親の出身地である石川県に疎開。高校までを過ごした。

小学校高学年のころから慢性肝炎を患っていたという彼は、毎年のように寝たきりの生活を送り、医者は「この子は二十歳までは生きられない」と言っていたという。

そんな病弱の彼だったが高校に進学して自転車通学を始めたことと、弓道部に入ったことで、いつしか健康になっていった。高校卒業後は、神奈川大学経済学部に入学。弓道を続けるつもりだったところ、弓道部がなかったため、ふと目についた道場の様子を見ていると「中に入って見たら」と言われたのが、実は空手部であった。

練習が終わった途端、親切な態度が一変。「ここに名前を書け！」と強制的に入部させられた。いつ辞めようかと思っていたというが、結局、辞めることができないまま卒業。「いまになってみると、子供のころから病弱だったばかりでなく、知らずに入った空手部で上級生の肩や体を揉まされたり、ケガの手当てをさせられた。そんなことから、自然に体のことがわかるようになっていったんですね。そうしたすべてが、現在の仕事のベースになっています」と苦笑する。

一九七一年に大学を卒業すると、名古屋の繊維商社に就職。岐阜支店に勤務したが、三十歳過ぎに脱サラ。自分で繊維関係の会社を始めた。八六年、現在のベースとなる繊維製品の製造卸を扱う株式会社サンテキスタイルを設立。自社工場を持ったメーカーとして、それなりに有名な会社にも製品を卸していた。

やがて、かつてアメリカの繊維産業が日本に取って替わられたように、今度は日本が人件費の安い新興国からの追撃に苦慮することになった。そこにバブル崩壊が重なって、ついにサンテキスタイル社は不渡りを出して、倒産寸前まで行くことになった。

だが、ものは考えようである。「繊維業界の中で一番先にダメになったおかげで、逆に早めに方向転換できました」というように、借金を抱えながら山本所長は再建への道を目指して、エネルギー関係など、将来性のある事業に特化。そして生まれたのが、ＪＴＰイオンシーリング技術であった。

早めの方向転換の結果、九四年に健康医療ウエア用の遠赤外線、磁気、イオン等のエネルギー効果に関する研究を開始した。九六年には健康機能ウエアの研究開発に成功。当時将来性のある科学・技術を育てることを目的に制定された創造法の認定を受けることになった。

だが、岐阜県の支援や東大の先端研と交流を深めることはあっても、いざ資金的な融資という現実的な局面になると、銀行の融資同様、実績があり信頼のおける会社が優先される。そんなベンチャーの悲しさを味わいながら、九七年にＪＴＰ研究所を設立。エネルギー効果活用高度治療技術の開発に取り組み、その成果をもとに、九九年にはＪＴＰイオンシーリング研究所を治療技術開発部門を担う事業部としてスタートさせ、現在に至るわけである。

エンゼルイオン

専門ではないため、肝心のイオンシーリング理論の構築は山本所長の役割ではないが、専門家が見落としている部分を補うのは、実際に結果を出してきた者の務めである。さまざまなエネルギーの働きを相乗効果的に利用することで、驚異的な効果を実証してきた山本所長は、現代の物理学の常識や理論に「ちょっとちがうのではないか？」と、素朴な疑問を抱いたという。

例えば、現在の科学では、物質を構成する原子は原子核があって電子の数で金や銀などの固有の元素になる。そこでは、原子や電子はすべて画一的な存在とみなされている。山本所長は地球上に約六十億人いる人間が、一人として同じではないように、原子や電子も個性豊かな存在ではないのか。そして、原子が本当に原子核の周りを電子が光速で周回している高エネルギーな存在ならば、なぜ大量の原子や電子で構成される人間の体は光り輝いていたり、太陽のような熱を持っていないのかと考えたのである。

「もし、原子核の周りを電子が高速で回っているなら、例えば原子と原子が結合して分子になるとき、その電子や原子が起こす摩擦や結合が、こんなやさしいエネルギーであるはずがないんじゃないかという、そうした疑問がイオンシーリング技術の原点なんです」と、独自の理論を展開する。

例えば、一つの酸素（O）原子と二つの水素（H）原子からなる水（H_2O）の分子は、地球と月に当てはめると、現代の物理学では一つの地球（O）に二つの月（H）がつながった関係になる。山本所長は、その状態ではまだ分子とは言えず、一つの地球Oと二つの月Hが地球の表面を被う大気で一つに包まれたとき、初めて運命共同体（水分子）になるのではないかと言う。その大気がやさしいエンゼルイオン（天使の羽衣）なのである。あるいは、原子を人間になぞらえたとき、水分子になるためには手をつないだだけではなく「電子の衣」に被われ、その三人が肩を組んだ状態、さらには三人が一緒に入れるつなぎ服を着た状態というわけである。

そして、病気とは電子の世界から見たときあらゆる生体を構成する原子と原子の結合を担っている電子の力が衰弱したり、抜き取られることによって起こる症状である。そこでは病気や老化は電子の衣が徐々にすり減って、体全体の生命活動、循環代謝機能が低下していく結果生じるということになる。

逆に、弱った電子の衣はさまざまな電子供給機能によって補給強化され、元気を取りもどす。その有力な手段の一つがイオンシーリング技術なのである。電子の衣が強化されることで、病んだ体もまた、その天使の羽衣に包まれるようなやさしいエネルギーに癒され、循環代謝機能がアップし免疫力を取りもどすことによって元気になる。

現代の物理学では強制的な力を使って原子や電子を分離させたり、核分裂を起こそうとしているが、実はそんな力を使わなくても、微弱なエネルギー、やさしい力を利用することで、同じ現象が起きてくる。

イオンシーリングの世界では、ガンの存在自体も必ずしも敵視はしていない。何らかの原因があってガンになっているとはいえ、その部分の細胞が死んで体液の流れが止まれば、壊死になって死に至る。それをガンが食い止めていると考えれば、そこではガンは味方である。その後、原因の医学的な解明、除去とは別に患部にイオンシーリング技術を施すことによって、循環代謝機能を良くして、悪いものを出し、いいものを入れていくことで、体は劇的に回復する。本来の生命活動、体液の循環、遺伝子の働きとは、ちょっとしたことで正常に動きだすようにできているのではないかと、山本所長は感じているという。その意味でも、イオンシーリング技術は現代の医療と対立するものではなく、むしろ相互補完的に側面から医療をサポートするものなのである。

知識より閃き

「私としては、これだけいいものができて、実証データもあるので、もっと早く事業化できると思ってたんですが」という山本所長だが、これまで自前の工場を持って繊維の製造をやってきたため、イオンシーリング製品は一切外注なしで製造できる。それが同研究所の強みでもある。

「研究開発の過程で、いつくもあるセラミック素材の何をどのような割合で、どういう方法で組み合わせるか。それを全部実験していくとなると、一生かかってもできません。しかも、学問として知識でつくり出すよりは、はるかに閃きの要素が大きいんです」

そうした閃きから生まれた、あらゆる分野の試作品が研究所には山になっているという。その一つ一つが山本所長にとっては、価値あるものであり、大きな市場を構築することができる可能性がある技術なのである。

実際に山本所長がその力を利用してつくっているのが、畑の作物である。手間はかかるが、無農薬のおいしくて元気な野菜や治療にも用いる無農薬のハーブができてくる。同様の効果は魚や動物、要するに命あるものすべてに共通するものであることが、実験でわかっている。

だからこそ、生体の循環代謝が良くなり、元気になることで病気も治るわけである。

「技術としては、本当にいろんなものに応用できる。汚れている河川にこの技術を入れて汚水をどうやって浄化するかというのも、結局、原理は一緒なんです。人間の体も植物も動物もバイ菌も、ある意味では地球も同じような循環のリズムの中にある。そういうふうに考えれば、あらゆるところに使えるわけです」

今は医療面に集中して、指導者の養成に取り組んでいるが、イオンシーリング技術の本領はその先にあるということである。

❖　❖　❖

イオンシーリング基礎技術セミナー

物理学の常識を破るという一方で、目に見えない生命エネルギーを利用したイオンシーリング技術は、山本誠所長の専売特許だが、健康に貢献するという意味では日本のそして人類の財産である。

そのため、後継者を育てるとともに、指導者の養成が急務でもあった。その意味での大きな変化は二〇一〇年十一月に某大手製薬会社で開催された「第七回日本腫瘍学会・学術集会」でのことであった。

「進行癌でもあきらめない！　日頃の臨床に役立つ情報」とサブタイトルのついた集会で現場の医師によるイオンシーリング研究所のハイブリッドセチミックスＬＥＰ（Life Energy Patch）を使ったガン治療その他の成果が報告された。

マウスを使った免疫活性作用、肺ガン細胞を使った制ガン作用、切り花が枯れない細胞活性化作用、急性心筋梗塞症に対する効果などを写真とデータを元に報告。参加者には衝撃の事実だったようだ。

報告後、多くの質問が浴びせられ、山本所長が講演者に代わって説明した後、誰も治せなかったという痛みに悩む患者をその場で治すなど、学術集会はイオンシーリングの効果を見せつける大きなパフォーマンスの場となった。

専門の学者や医師が集まった中での治療だけに、その反響もまた大きかった。

そんな一つが、例えば高齢者を相手に、安心と安全の商品を提供するグループが、介護関係のビジネスを展開する上で欠かせない技術としてイオンシーリングに着目し、実際にセミナーを始めたこともある。だが彼らのパワーと行動力は魅力的ではあっても、結局、安心してつきあえる相手ではないなど、なかなか理想的なパートナーはいるようでいない。

そんな中、日本における代替医療の第一人者であり、多方面で活躍する松永博喜・松永ひろきクリニック院長との出会いがあって、二〇一一年九月から「イオンシーリング基礎技術セミナー」が現場の医師や理学療法士を集めてスタートした。

テーマは「生命活動の原点に基づいた最新治療技術の研究」であり、半年ほどの初級セミナーが終われば、同クリニックその他でもイオンシーリング技術による治療が受けられることになる。

そのために欠かせないものとして、技術面をサポートする治療器であるハンドウォーマーを新たに開発。大きなグローブ状のもので、患者の体にイオンシールを貼る代わりに、やさしいレベルのシールがグローブのほうに貼られている。そこに電気コードがついていて、治療の際に、電気を使って温かくする。そうすることで、やさしいレベルのシールでも、高いレベルの力を発揮する。

「専門的なことは別にして、これを使えば、同じような効果が出るようになったので、大体のことには対応できる」という。

佐賀県鳥栖市の「まごころ医療館」（中川原三和子理事長）でも、前立腺ガンで体全体に転移が始まり、病院では治る見込みがないといわれた患者が、イオンシーリング治療の結果、痛みが止まり脚も動くようになった。その後も治療を続けなければいけないのだが治ったと思った患者が、安い他の療法にかえたところ、再度悪化。結局、「余命一月」と宣告されたといって、再びイオンシーリング療法を再開し、回復に向かいつつある。ある大学病院から治療の見込みがないと見放された膣ガン患者の腫れて石のように固くなったリンパ節がイオンシーリング療法で、二十分で改善するなど、イオンシーリング技術は確実に医療分野に浸透し、技術面でも進化を続けている。

第10話

世界遺産を舞台に光のアートを仕掛ける「CPMスタジオ」

長谷川章　代表

❖世界的映像作家・長谷川章を誕生させたベンチャー精神
❖世界が認めた光の芸術「デジタルカケジク（D-K）」
❖ついに世界のバチカンでD-Kデビュー

石川県小松市という不利なロケーションを逆手に取った手法で、コマーシャル制作で一世を風靡し、数々の広告賞を受賞するなど、四千本もの作品を世に送り出した。

常に新しいものを求め、変化を追求してきた彼が、日本発の新しい芸術の世界を開くものとして到達したのが、デジタル技術の粋を凝らした光のアート・D-K「デジタルカケジク」であった。

世界が認めた芸術

映像作家・長谷川章氏は石川県小松市にあるアトリエ「CPMスタジオ」を拠点に、光のアート「D-Kデジタルカケジク」を日本から海外に発信している世界の巨匠である。

デジタルカケジクとは聞き慣れない言葉だが、それは単なるアニメーションやビデオアートとは異なるデジタル技術の粋を究めた、新しい芸術である。あらゆるものに投影することができ、その場にあった色彩や模様によって環境を演出する。四季の変化や、その日の気分で掛けかえる掛け軸に通じるところから、デジタルカケジクと命名された。

D-Kライブイベントは二〇〇三年の地元・金沢城を皮切りに、宮城県美術館や大阪城などで展開されてきた。東京でも六本木ヒルズや汐留シオサイトのオープン時に続いて、二〇〇五年もお台場のホテルグランパシフィック・メリディアンでのイベントが六月まで行われた。

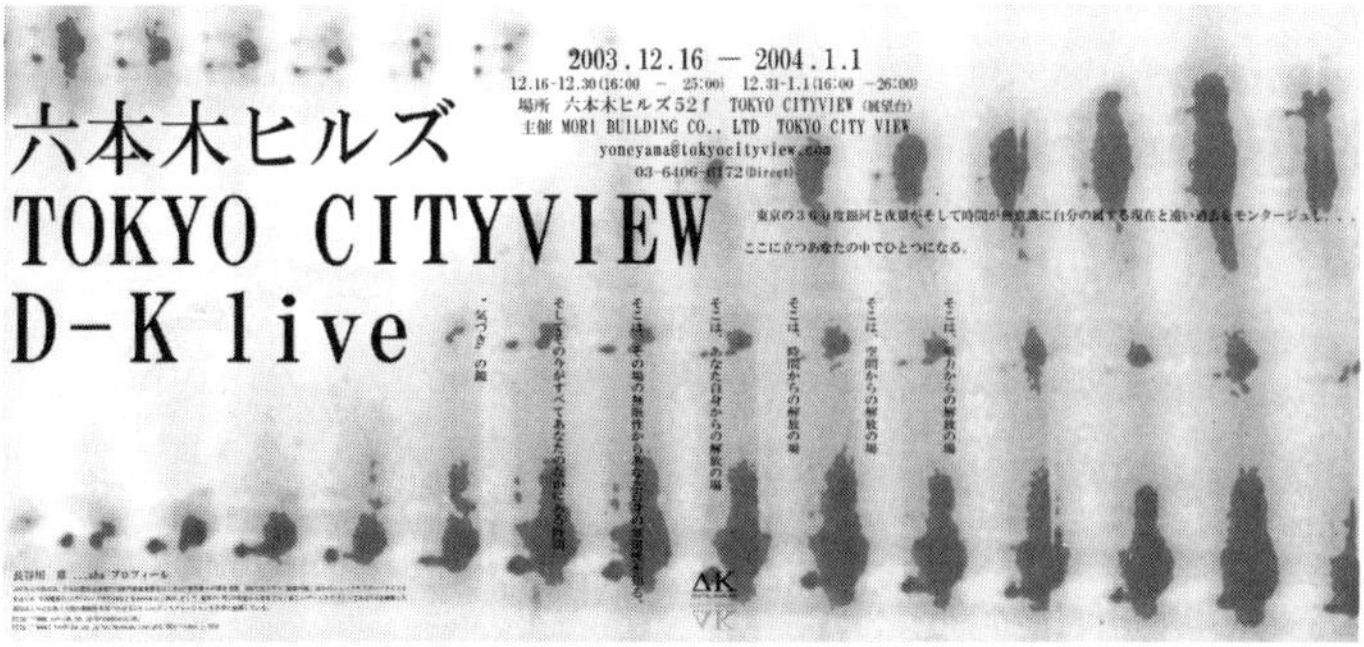

六本木ヒルズで行われたデジタルカケジクのライブ告知

世界がもっとも注目している日本人の一人とあって、二〇〇四年末にアテネの古代遺跡で行われたD-Kライブは、世界の芸術界に強烈な印象を与えた。二〇〇五年十月には世界を代表する芸術家を集めて行われた「中国上海国際芸術祭」に招聘された他、翌二〇〇六年八月に米国のカリフォルニア州サンノゼで行われた「国際エレクトリックアート展」でも、最先端アートとして大々的に紹介された。

だが「D-Kとは何か?」を考えたとき、その捉えどころのなさは、例えばメリディアンでのイベント用チラシを見ればわかるはずだ。そこには以下のように書かれている。

「D-K（デジタル・カケジク）とは、長谷川章氏が開発した独自のアイデアである。それは二十一世紀の人間という生物のリズムを取り戻す、新しい芸術である。フレームを取り払い、始まりと終わりを取り払う、そこに『過ぎる時を包む空間が生まれる。永遠に流れ続くもの、水のように二度と同じ流れにならないもの、いうなればば色即是空である。

D–Kは一見静止画のように見えるが、じつは地球の自転速度の感覚でうつろう無常の世界である。

D–Kにはタイトルも物語も意味もない」

実際に見た人の反応や感想、受け止め方も人それぞれ。それがまた、作者の狙いでもあろう。なにしろ「タイトルも物語も意味もない」ものを言葉にしようというのだから、しょせん無理な話である。

ここではその難しさの理由の一つを、実は禅の世界における悟りそのものを扱っているからだと指摘するに止めておきたい。

事実「色即是空」という言葉が使われているように、作者の本音はおそらく宇宙そのものを説いた「般若心経」の世界を提示した光のアートということになろう。説明は困難であり、さほど意味がない。まずはその場に行って、自分の目で見て、その世界を体感するしかあるまい。

日本では、二〇〇五年八月、石川県の白山比咩神社でD–Kライブが行われた他、年末にかけていくつかの計画がなされている。いまだ見たことのない人も、やがて目にする機会があるはずだ。

D–Kを見て、液体映像という人、オーロラのようだという人、仏教のマンダラを見るようだという人、なぜか自然に涙がこぼれるほどの感動を覚えたという人など、さまざまである。だが、それは御来光や夕日、雨上がりの虹を見て、あるいは富士山の雄姿を前に、それまでとちがう時間が流れるのを感じる。誰でもわかることは、D-Kにはそんな自然に接したとき同様、それまでとはちがった時間が流れることだろう。

一人企業の発想

D-Kの詳しい説明の前に、まず作者・長谷川氏を紹介するのは、彼のやってきたことがベンチャーそのものであり、ベンチャー企業の在り方を考える上でヒントになることがいくつもあるからだ。

一九四七年十一月、長谷川氏は小松市郊外で生まれた。当時、父親が鉱山会社のエンジニアをしていた関係から、一家は白山の中腹に銅の採掘のためにつくられた街に暮らしていた。そこから小松の街までは、鉱山会社が引いた鉄道で小一時間かかった。都会の生活と遮断された、その街には従業員たちの娯楽のための映画館やパチンコ屋ばかりか、売春宿まであったという。

そんな不思議な場所に育った彼は、すでに今日を彷彿とさせるベンチャー精神を発揮している。父親の影響でエレクトロニクスと音楽が好きだった彼は、ラジオを改造して、何とかNHK以外の放送を聞こうとした。だが改造しても雑音が入る。

そんなある日、ふと「中波の波長は十八メートルだから、その長さのアンテナをつくればいい」と気がついた。実際につくってラジオにつないだ瞬間、聞いたことのない韓国語が流れてきた。ちょっとずらすことで世界中の放送が飛び込んできたのだ。

やがて、彼はアンテナを発信機にして、個人放送局を始めた。「こんばんは、長谷川章です。今日はみなさんにビートルズの音楽をお聞かせします」とか。ちょっとしたＤＪ気分を楽しんでいた。いまでいうインターネットをいち早く体験したようなものであろう。

その後、小松の高校に進学した彼は、音楽好きが高じてエレキバンドに夢中になった。それでも父親同様エンジニアの道を目指して東京の電子専門学校に入学。再び好きなバンド活動を始めた。仲間がプロを目指す中で、彼は卒業して、Ａスタジオに入社。有名監督の下、新人として多くの映画づくりに参加した。

だが、慣れない一人暮らしのせいか、一年後に結核にかかり、郷里に帰った。結局、回復するのに二年かかって、いざ東京にもどろうと思っても、クスリの副作用で食事ができず、体力も気力もなかったという。

その後、七四年になって、彼は小松で資本金五百万円をかき集め、コプメ企画を設立。機材を買って、オーディオ・スタジオを始めた。それは地味ではあっても、極めてユニークなベンチャー企業の旗上げであった。

このとき役立ったのが、実は音楽バンドの経験だという。通常、素人バンドは友だち同士が集まってスタートするが、中には辞めてもらいたいメンバーも出てくる。そこで、考えついたのが最初からメンバーを固定せず、必要に応じてメンバーが集まる音楽バンドのプロジェクト制であった。長谷川氏が会社を始めるに当たって採用したのが、このプロジェクト制による一人企業である。つまり、一つのコマーシャルをつくるときに、一番いいカメラマンとスタイリストなどを必要に応じて集めて、終わったら解散するというシステムだ。

それは彼に言わせれば「一人がいれば、全部である。一人が企業の社長であり、運転手であり、小使でもあるけど、その一人が十万人いれば十万の株式会社と同じである」という考え方だ。それがやがて、グループ企業にもなっていく、新しい時代の会社の在り方というわけである。

豊富なアイデアと機動性はプロ集団を抱えるプロジェクト制一人企業の持ち味である。当時の地方ラジオ局では、ニュースを読んでいたアナウンサーが、コマーシャルの原稿も読む。そんなナンセンスな広告に呆れた彼は最新式の機材を使ってつくった音楽入りのコマーシャルのデモテープをつくって、ある企業に持っていった。そのデモテープが採用されて、彼の本格的なコマーシャルづくりがスタートした。

ライブラリーづくり

音楽にしろ、映像にしろ、地方にいては情報面でのハンデが多いというのが常識であろう。事実、遠いというハンデを補うために、やらなければならないことは少なくない。

彼がやったことの一つは、とにかくエレクトロニクスの最新技術を日本でもいち早く取り入れることだった。例えば、仕事を始めて五年目に、世界で初めてというビデオの編集機を購入。いまでこそ、ビデオの編集は当たり前だが、当時はニュース放送用の機械をコマーシャルづくりに応用し、その先見性によって彼のつくるコマーシャルはあっという間に一世を風靡した。

その後、電通とともに数々のコマーシャルを制作。八四年の日本民間放送連盟TVCM部門最優秀賞をはじめ、ACC（全日本広告コンクール）賞などの賞を受賞。業界で「コプメ（CPM）詣で」という言葉ができたほどであった。

NHKのニュースやスポーツニュースのタイトルから、大河ドラマ「琉球の風」など。ディレクTVのステーション、中国電視台のロゴなど、およそ四千本以上の作品を精力的に世に送り出してきた。

いまでもテレビから流れる映像で、彼のものと知らずに接している作品は少なくないはずだ。それらのすべてが、その後のD-Kのための下地になっている。

小松にいるハンデを補うため、彼はファックス一つとっても、A4用紙一枚送るのに三十分かかる時代から導入。インターネットでも、よそより早く、二十数年前、データ通信と言われたころから始めている。

だが、逆に遠い田舎にいたからこそ、発想できたものもある。世界のさまざまな音と風景などの映像を集めたライブラリーである。

それはハワイに行くにも東京経由で行かなければならず、それを東京と同じギャラでやっていては、割に合わないところから思いついた、いわば〝ハワイに行かずにハワイで撮る〟方法であった。要はハワイに行ったとき、ついでにハワイの風景を撮ってきて、それをライブラリーに保存。いつでも他の用途に使えるように整理した。その効果は、到るところで発揮されたという。

中曾根首相の時代に、広告界に大きなインパクトを与えたのが、銀行のコマーシャル解禁であった。このとき、彼のところにも電通から大手銀行のコマーシャルの話が持ちかけられた。「一週間後に大きなプレゼンがあるので何とかしてほしい」というのである。

このとき使ったのが彼が撮った蓮の花の映像。それを信頼の象徴として使ったCMをプレゼンの席で発表した。他社は絵コンテをもとに説明するのだが、電通のものはスイッチを入れると、蓮の花の映像と音が流れる。それだけで、勝負はついてしまった。要するに、プレゼンのときにすでに完成したものを見せられる。それもライブラリーを持っている強みなのである。

ベンチャーの基本

およそ三十年以上前、同業者もなく、マスメディアもないという環境で、なぜ彼が四千本もの作品を世に送り出すことができたのか。実は、それこそが彼のベンチャー精神の賜物である。

彼の今日に至る軌跡はミュージシャンから始まって、オーディオ、そして映像の世界に移って、ビデオ、デジタルという具合に、およそ五年ごとに、次の新しい分野に移行していった。

「ここが重要でアナログとデジタルを並行して引っ張っていると、なかなかデジタルに変われない。確かに、それまでのアナログを切れば大変だけど、その分いのちがけになりますから。要するにベンチャーの基本は切り捨てることです」

と、長谷川氏はベンチャー企業にとっての「切る」ことの重要性を強調する。

四十歳のとき、一大決心をして、CPMデジタル・コンポーネント・スタジオづくりに約五億円を投じた。それが九〇年に完成したガラス張りのスタジオで、そこから見る景色は雄大で、木場潟を手前に、その向こうには二千七百メートル級の白山の峰が連なる。

清水の舞台から飛び下りるつもりで決断した、その結果が今日の成功へとつながった。実は、二〇〇五年七月、彼はD-Kについて伊勢神宮の高城治延少宮司から「慎」という銘を授けられた。「慎の一字こそ眼なれ、神に仕ふるは慎にかぎる事也」(江戸初期の外官祠官度会延佳翁言)より取られたとのことだ。バッハの曲に限らず、すべてのアートは本来神への贈り物である。「慎」の銘は彼にとって、その神からのご褒美のようなものだろう。

それは名誉ある成功の証であり、一つの到達点である。しかし、それはあくまでも彼にとっては一つの通過点でしかない。事実、そのD‐Kが単なる映像ではなく、環境をつくるというレベルに達して、新たな展開が始まろうとしている。

二〇〇六年の高校の教科書にはデジタル作家としての彼が、聖徳太子と一緒に歴史の教科書に載った。「現代」ではミュージシャンとか芸能人は出たことがあるが、アーティストとしては彼が初めて。その意味では、日本一の映像作家というわけである。

金沢城四季物語

D‐Kの本格的なデビューとなった地元・金沢城でのD‐Kイベントは、二〇〇三年の石川県などによる通年観光企画「金沢城四季物語」の春の目玉イベントとして、地元の新聞でも、写真入りで紹介された。

当時の新聞には「コンピュータ・プログラムによって色や模様が変化する光を、五台の大型プロジェクターで五十間長屋や菱櫓（ひしやぐら）などに映し出す」というD‐Kの仕組みや「題名や説明、物語性などはなく、一種の環境をつくるわけで、見る人もその一部になってほしい」との長谷川氏のコメントが載っていた。

そのとき集まった老若男女、洋の東西を問わない人々の反応が、彼に、自分がやってきたこと、やろうとしていることが正しかったとの自信を与えることになったのだろう。

D-Kは城でも遺跡でも、対象となるものの尊厳や形、風景を損なわず、むしろ過去の城や遺跡に再び命を与える。それを見る者も、なぜか生きていることを実感する。

子どもたちが光の絵の中に入って、キャーキャーと遊ぶ。ある者は額縁を持ってきて、自分の絵を楽しみ、それを写真に撮る。白いシーツをスクリーンにしたり、シーツにくるまって絵の中に隠れたりと、誰もみな生き生きとD-Kライブを楽しんでいた。その彼らすべてと言っていいくらいの人たちが「感動した」といって帰っていった。

金沢城でのD-Kライブは大成功のうちに幕を閉じた。そして、D-Kを見た人たちは自らが体験した不思議な感覚、感動の余韻を惜しむかのように、長谷川氏のもとに多くの感想やメッセージを寄せた。その一部を紹介すると、「金沢城でのD-Kは、いまだに情景と雰囲気を色あせることなく思い出せます。そのインパクトの本質は何なのだろうかと考えるとき、身体感覚意識、即ち大脳皮質に訴えかけるのではなく、生命を司る本能の脳（古い皮質）に訴えかけるのだなと感じています」という人。

世界中の美術館を見て回り、いわゆる現代アートにある種の反発を感じていたという大学教授も、次のように語る。

「長谷川さんの芸術手法は、心に少しも反発心を呼び起こしません。それは長谷川さんが言われるように、これまで誰も見たことのない、色彩空間を創出した、それも自然物すらキャンパスに変える巨大な表現方法に圧倒されたということが大きいと思います」

また、神に関わるものも多い。神道の世界に通じるものがあるからだろう。

「神職世界道統との調和を有するD-K精神である〝無常〟から生まれる、時空を超えた見えざる力は、神道の〝想念〟世界と連動した神々の力サムシング・グレートそのものです。およそ三次元を超越した祈りはすべてにあまねく届くべく、普遍的な情念の形式を考えます」と、ある神職は指摘する。

あるいは「今世紀最大のアーティストとして歴史に名前を残す」と信じるD-Kのプロデューサー的人物は、次のように語る。

「アートを根底から塗り替えていく人です。キャンパスは大自然なのです。人の心・物、この世に存在するもの全てがD-Kのキャンバスであり、作品となるのです。その時の光の饗宴に集まる人の心・自然、時空の『間』にこそ、D-Kは存在します。D-Kから生じる宇宙エネルギーは、時間の経過とともに空間に広がっていきます」

このように、人それぞれの感想がある。その内容は極端に言えば百人百様である。

D-Kの誕生

もともと、D-Kは一九九五年に発明された。その間、実はいろんなところで、D-Kを見せてきた。だが、当時のプロジェクターは二千万もして、一台借りるのに百万円もかかった。現在のように、屋外で大々的に展開することなど不可能であった。

そんな中、九六年にD-Kのコンセプトを発表。東京ドームイエロー館に常設展示したほか、九七年に白山で元YMOの細野晴臣とD-Kでのコラボレーションを行った。九九年は科学技術庁で「デジタルの検証から捉えられる生命時間の概念」の講演。〇二年、ポーラ銀座ビル・ポーラ美術館（別館）にD-Kを常設展示。D-K写真集+CD-ROM『気配』を出版するなど、CMの仕事の傍ら、彼はひたすらD-Kへの本格的な取り組みが可能になる日を待っていた。

やがて、プロジェクターとパソコンの性能が飛躍的に進化し、しかもプロジェクターの値段が激落したことによって、ようやく野外に出て、今日のD-Kライブが可能になったのである。

そのD-Kの基礎となるものができたのが、彼が四十五歳のときのこと。「デジタルとは何か」、デジタルの概念を解き始めたことで、時間というものに行き着く。

彼は、時間には感覚的に感じる時間（旬や季節感など）と、社会の要請による制度的な時間（暦や時刻表など）とがあると考えている。そして、日本の元号などのように、国や宗教によって別々の暦を持っていた世界の国々は、今日では西暦というキリスト教の時間に統一された。その制度的な時間が世界を支配する中で、逆にパソコンの普及と世の中のネット化によって、個人が自分の時間を持つようになっている。そんな時間の種類や形態の変化を見ていくと、時間の概念そのものが、これまでの常識とはちがうのではないかと、彼は直観的に感じ取ったのである。

　マリリン・モンローは、彼が三十歳のときに四十年の生涯を閉じた。それから二十八年、彼女は四十歳のままだが、彼は五十八歳と年齢が逆転してしまった。結局、死人に死はなく時間もない。死も過去も、生きている自分、今の中だけにあることに気がついたのだ。

　そのことからわかることは、過去も現在も未来も、すべて今の中にあり、時間とは生きている自分の中にあるということ。その結果、彼はコマーシャルや映像作りに、なぜかもの足りなさを感じるようになる。

　つまり、彼は「映像とは何か」をつき詰めて考えることで、情報社会とは情報の洪水の中に生きているに等しいと知ったのだ。それはただ流されるだけで、生きていることを実感できない社会である。「自分はその材料を提供しているマスメディアの人間なんだ」と気づいたとき、彼は「自分たちが作ってきたものは何だったのか」を自らに問い直した。

　決定的だったのが、彼が制作に関わっていたS社のウイスキーCMであった。タレントのKONISHIKIを使って話題を呼んだ人気CMで、KONISHIKIは売れたけど、肝心の商品は売れなかった。コマーシャルの世界では情報操作は意味をなさなくなっていたのだ。そのことに気がついたとき彼は情報ではなく、電気や光、水や風などの素材、自然そのもの、環境を構成している、そんなメディアはないものかと考えた。そこからD-Kの発想が生まれた。

枠のない世界

「D-Kとは何か」を考えたとき、作者である長谷川氏の概念は、以下のようなものだ。

「D-Kはその場に立つものを空にし、時間と空間の束縛から解放する。D-Kの映像は何かの表現やシュミレーションではない。あなたが見た一瞬に生成される不思議なデータであり、一切は心の動きがつくり出したあなたの鏡である。

D-Kに変化を見たものはいない。木々が大きくなるのを見ることができないように、それらはあなたが見た、あなたが感じた一瞬にのみ存在しているからである。変化を捉えるということは、あなた自身の『間』を捉えることに他ならない。

あなたがD-Kを見ているとき、あなたもその場にいる人々も、場を形作る要素としてその場に溶け込んでいくことだろう。

そのとき、自然と人間は一つになる」

D-Kには自然の風景と人工物を一体化する効果がある。それはまた、人間が自然に生かされていることを感じることでもある。つまり、究極の人為的装置なのだが、とても自然のものであり、自然に生きる刹那、それを感じ取る装置というわけである。

長谷川氏が「D-Kは色即是空の世界をプログラムしており、D-Kには始まりもなければ、終わりもない」というのは、宇宙の果てまで続く、そこにはフレーム（枠）がないということである。例えば、テレビはスイッチを入れると番組が始まり、切ると終わる。それがテレビの枠で、テレビをつけると、ついつい時間を奪われてしまう。

昔は年に一回程度、映画を見て、その時間を奪われたとしても、それは非常に楽しい時間であった。ところがいまは、やれケータイだ、新聞だ、雑誌だと忙しい。その情報は出し手側がいて、時間を区切って出すので、情報を読みとるには、その時間に合わせなければならない。時間を取られるということは、そのまま生きている時間、つまりは命を浪費すること。まさに情報の奴隷というわけである。

D-Kは情報の洪水の中で、泳がされている自分を救い上げてくれる。それも、自分の力でハッと気づくようになり、本来の自分を取り戻すことができるのは、D-Kには枠がないからである。

同時に、彼は映画やテレビの映像がいくつもの静止画を高速で切り替えることによって成立していることに着目した。D-Kはその画像と画像の間を極端に延長して、一分間に千八百フレームを微分的に補っていった。その操作により得られるイメージは、D-Kの特徴である、限りなく静止画に近い動画となる。地球の回転速度と同じというそれはまさに静止画でもなく動画でもない、まったく新しいイメージになる。

「ということは、われわれの見ている映像は全部、静止画なんです。それがなぜ、動画になるか。錯覚ではなく、それは見ている人が動画をつくっているからです。それも生きていなければ見えない。それが生きているということなんだ」という長谷川氏は、一例として一枚一枚の絵がページを繰ると動きだすパラパラ漫画を引き合いに出す。

重要なことは、それらの特徴のすべてが既存の芸術にはないというだろう。芸術はもちろん、テレビやニュースなどの情報が、誰かがつくり、プログラムしたものなのに対して、D-Kは受け手側の見ている人、参加している人すべてがつくる。だからこそ、新しく、価値があるのである。

世界のD-Kへ

D-Kの役割、さらにその可能性は大きいものがあるが、長谷川氏が思い描くD-Kの将来的なビジョンの一つは、D-Kによるテレビの革命である。

テレビは現在、世界中に五十億台以上使用されているが、その九〇%は常に黒い画面の「オフタイムTV」の状態である。テレビが世界に普及して八十年たった現在、誰一人として、これに文句を言った者はいない。テレビとはそんなものだというわけだ。

そのテレビは、いまや薄型テレビが全盛だが、薄型テレビ独自のコンテンツがあるわけではない。ハイビジョンあるいはデジタル化と、技術面での進歩はあっても、相変わらず映画やニュースやバラエティなどを垂れ流している。

実は、そこにこそ長谷川氏が提案する「D-KオフタイムTV」による革命的意味がある。スイッチを入れると、まずD-Kが映る。もう一度、スイッチを押すと普通のテレビ番組が流れる。消すときは、再びD-Kが流れ、もう一度押すと、電源が切れる。黒い画面がD-Kの舞台になるという仕組みである。

そのシステムのために、D-Kを世界的に背信する仕組みもできている。それが長谷川氏がすでに開発、特許取得ずみの配信システムである。D-Kダウンロードソフトによって、世界中どこでもインターネットを通じて、D-Kライブ画像データを再生できる。それはテレビの革命にとどまらず、これまでの箱もの、箱型の受け身の美術館から、ライブを可能にする能動的な美術館の創造でもある。つまり、普通は美術館に行って、作品を見て歩かなければならないが、D-Kはいわば美術館のほうからやってくる。

D-Kはそこでは情報ではなく、一つのインテリア、精神的な癒しとなるとともに、建築の材料、インテリアの材料などのまったく新しいインフラになる。D-Kの最終的な目標は、まさに世界をターゲットにしたものだけに、今後の展開が楽しみなのである。

る。

❖　❖　❖

ついに世界のバチカンでDーKデビュー

一つの連載を十年も続けていると、実にいろいろな体験をする。「ベンチャー発掘」の取材に関連して、時には中国や韓国、台湾に行ったり、九州から北海道まで日本全国を旅することにな

そんな中で、CPMスタジオのある小松市は、忘れられない場所の一つである。何しろ、最初に案内してくれたのが、テレビや雑誌などでセレブな女性社長として紹介された人物であり、後日、六十数億円詐欺事件の主役として逮捕されたからである。

ジャーナリストという仕事柄、いろんな詐欺師の方たちと出会う機会が多いため、詐欺で捕まったぐらいでは驚かないが、その女性社長だけは意外に思い、衝撃的であった。

セレブ社長らしくブランドものを身にまとい、最高級レジデンスに住み、忙しく飛び歩いているのを見ながら、その彼女が「幸せだけは、まだ手にしていないのではないか」と感じたことから「幸せのインフレ」という概念を得ることもできた。まさか詐欺で捕まるとは思わなかったが、いろんな意味で彼女には感謝している。

そんな波乱に満ちた出会いはともかく、長谷川氏も私も彼女の思い出に浸っている暇はない。

その後の長谷川章氏は次々と、例えば名古屋城、熊本城、東京都庁、鳥取砂丘・砂の美術館など、日本ばかりでなく世界各地でD-Kライブを仕掛けて、その数はいまや世界二百カ所に及ぶという。

世界のD-Kたる所以は、その真髄を「自然の摂理、神々のメッセージ」として、その照らすところすべてに「調和」をもたらし「愛」に満ちた世界を実現するところにある。だからこそ、世界遺産や神聖なる場所がよく似合う。

二〇一一年の七月、日光東照宮でのD-Kライブは、夜、突然、激しい雨が降りだして、雨の中での光のイベントとなったが、逆に神々しいまでに感動的なものとなり、結果、大成功のうちに終わったという。

八月には「京の七夕」の期間中、二条城でD-Kライブが行われた。そして、十二月には世界のバチカンでのD-Kデビューとなる。

D-Kの一連の展開は、日本でよりも、いち早く海外で、その価値が認められているという証でもある。

その点、日本ではもっとも早くからD-Kおよび「世界の長谷川」の価値を認めていた伊勢神宮でも、二〇一三年の遷宮に際して、新しく架かる宇治橋の渡り始めを奉祝してのD-Kライブが行われることで、これまで以上に正しくその真価が示されることになる。

第11話

日本文化の伝道師・商売人の道を極める「和僑商店」

葉葺正幸　社長

❖高級おにぎり「銀座十石」のオープン
❖「古町糀製造所」開業、新たな消費体験を提供する
❖「あなたが楽しいと私はうれしい」

米、麦・大豆などの穀物を蒸して寝かし、麹菌を繁殖させたものを「麹」と総称する。そのうち、特に米を使ったものを「糀」という文字を用いて表すという。そ

の糀からつくる甘酒は栄養が豊富で、昔から「飲む点滴」といわれていた。

グルメおむすび屋「銀座十石」を成功させた「和僑商店」葉葺正幸社長が、おむすび屋経営で知った驚くべき食材「糀」でつくった甘酒屋を新潟にオープン。日本文化の伝道師として、商売人の道を極めていく。

古町糀物語

少子高齢化とともに、地方の衰退は、どこでも深刻な問題になっている。しかも、シャッター通りという言葉に象徴されるように、かつてその土地の中心的な商店街の地盤沈下が著しい。二〇〇九年のNHK大河ドラマ「天地人」の舞台となり「トキめき新潟国体」が行われるなど、さまざまなイベントが展開された新潟県も例外ではない。華々しく盛り上がる一方で「三越」とともに県民に親しまれてきた「大和百貨店」が撤退するなど、新潟の中心として栄えてきた古町は、多くの地方都市に共通する危機を抱えている。

そんな新潟・上古町に、二〇〇九年の初夏「古町糀製造所」なる店がオープンした。衰退著しいとはいえ、上古町はシャッター通りと化した下古町とは対象的に、地元の有力者らの努力によって、若者たちの姿が目立つおしゃれな店ができてきて、かつての活気がわずかながらももどりつつある。

店は間口二間ほどと小さいが、なぜか人目を引く気になるたたずまいが感じられる。名前の通り、糀からつくった甘酒「糀ドリンク」やアイスなどを売る店だが、店のコンセプトは「閉じているときに美しい」というもの。糀は寒い時期に仕込むため、初夏の開店には十分な在庫を確保できなかったこともあって、当面は週四日のみの営業と、閉まっている時間のほうが長い。そこで無愛想なシャッターではなく、温もりの感じられる木の引き戸にしてある。もともと古町通りは新潟総鎮守・白山神社の参道でもある。伝統ある神社とおしゃれな女性が似合う、そんな店である。

ある日、店から家人宛てに葉書が送られてきた。見ると「このたびは、古町糀製造所にご来店頂きまして誠にありがとうございました」という来店御礼。

「糀の甘さ、いかがでしたでしょうか？　日本の食の原点である『糀』。その素晴らしさに驚いたのが始まりで

古町糀製造所のおしゃれな外観

した。米どころ新潟、この古町に本店を構えられたことを幸せに思っています。『糀』そのものにも魅力はあるのですが、それを造り出す蔵や働く風景には私たちが忘れていた大切なものがあります。このお店を通じて皆様にお伝えしていきたいと思っています」と書かれていた。

その後、今度は店の通信「古町糀物語」創刊号が送られてきて、お近づきのしるしということか、きれいな手拭いが同封されていた。「古町糀物語」には糀の話から、商品づくりや店づくりの話が載っているのだが、手拭いのほうは、上古町商店街の人から「君たちのお店のカップを持ちながら歩いている人がいると、この通りがにぎやかな感じがしてうれしいよ」という声をかけられて「もっとこの商店街のために何かできないか？」と考えて、つくったものだという。実際に、その手拭いをカップに巻いて古町を歩くのが若い女性のファッションになっている。

さらに、古町糀製造所からは「上古町」というタイトルの通信が定期的に届くようになって、そこには「糀屋のひとびと」として、お店のスタッフをはじめ、いろんな形で関わりのある人たちの仕事ぶりが紹介されている。

オープンして一年にも満たないとはいえ、これまでの一連の展開を見ていると、それは現代の〝老舗〟あるいは〝ブランド〟がどうやってつくられ、伝説となっていくのかという一つの実験のようでもある。

日本文化の伝道師

新潟の古町にオープンした古町糀製造所はグルメおむすびブームの一翼を担った「銀座十石」を展開する㈱和僑商店（葉葺正幸社長）が、新たに展開を始めた事業である。

二〇〇一年三月に設立された和僑商店は、現在は銀座「松屋」、恵比寿「三越」、日吉「東急」に「銀座十石」を出店する他、おむすび・弁当のデリバリー事業、甘酒などの糀事業を行っている。

「すべての事業に共通していることは、日本人が食べてきたお米、おむすびから派生したものだということです。私は商売人は日本文化の伝道師だと思うんです。ジャンルはちがっても、単にモノを売るのではなく『ああ、日本人で良かった』と思える瞬間をカタチにすることで、和の素材、和の美しい文化を多くの人に伝えていくことができる」

こう、自らの商売人としての使命を語る葉葺社長にとって、糀関連事業はもともと新潟県十日町に生まれ、幼いころから「商売人」を夢見ていたという葉葺正幸社長にとっても大きな挑戦であった。同時に、和僑商店としても、現時点でのビジネスの集大成でもあるという。

「銀座十石」については、後述するが、おむすびづくりはいろんな素材をお米に包むことによって成り立っている。具材もお米もともに、そのお互いの良さを引き立たせることよって、個々のときとはちがう美味しさを生む。そのベースにあるお米を扱っていれば、やがて日本のバイオテクノロジーの原点である発酵の世界、さらには糀にたどり着くのは必然であろう。ちなみに、麹とは米、麦、大豆などの穀物を蒸してねかし、麹菌を繁殖させたものの総称で、そのうち特に米を使ったものに糀という字を用いる。

彼が知った糀の世界は、ある味噌の醸造元で見た、蔵で糀を仕込む人々の肌の美しさと彼自身の甘酒のイメージを変えた、米からできた糀の濃厚な甘さそのものであり、その出会いは「銀座でおむすび屋を営んできた七年の間で、もっとも驚いた素材が糀だった」というほど、新鮮なものであった。

そして、思ったことは「こんな素晴らしいものがどうして正しく世の中に伝わっていないのだろう」ということであり、糀との出会いは彼自身にとっても、日本の伝統文化の再発見となった。だが、いわゆる甘酒は、どこのスーパーでも売っているように、根強いファンがいる一方、苦手だという向きも少なくない。というのも、世間で言われる甘酒には、糀を使ったものと酒粕で作られるものの大きく分けて二つある。どちらも酒造りに関わるものだが、糀が酒造りの出発点であるのに対して、酒粕は終着点である。酒粕には糀のような甘味は残らない。その利用法はいろいろだが、酒粕でつくる甘酒はグラニュー糖などを加えて甘味をつける。少ないとはいえアルコール分も含まれている。それに対して、糀で作る甘酒は、酒といってもアルコール・ゼロである。

葉葺社長自身、甘酒とは酒粕でつくるものと思っていたぐらいで、両者を混同しての誤解も少なくない。大体が、甘酒というと冬の飲み物というイメージだが、実際には「飲む点滴」と言われるほど栄養豊富で、昔から食の細る夏に飲まれてきた。

その後も糀について勉強を重ねていた、そんなある日。東京でのおむすび屋の展開が軌道に乗り出したのを見計らったように、次ぎなる課題が持ちかけられた。かつておむすび屋をやるように言った恩人が、まるで彼が糀の勉強をしてるのを知っているかのように、今度は糀を使った甘酒屋をやるようにというのである。

店長の結婚式

「新潟を元気にするために、新潟で店を出してほしい。おむすびの次は、新潟のお米を使った糀（甘酒）を売るお店を、古町通りにつくってくれないか」

糀の素材としての魅力に、それなりの自信を得ていた葉葺社長は「これは素材力があるから、東京でなら、まちがいなく売れる」と考えていた。とはいえ、新潟の古町でとなると、話は別である。

事実、新潟での出店を促されたとき、彼が最初に思ったことは「いやー、ここで出すのはちょっと厳しいな」というものであった。

理由は「新潟では商売として成り立たないだろう」ということだ。

それだけに、かなり悩んだ末の挑戦だったが「いまは新潟の古町じゃなければダメだったと思ってます」と語る。ビジネス的に厳しい場所だから、彼はいままで以上に商売について、事業について深く考えることを求められた。糀の店をオープンしたことによって、結果的に葉葺社長はお金では買えない、大きなものを得ることができたからである。

そんな一つが、多くの人との縁そして伝統文化と結びついた素材との出会いであった。実際に古町糀製造所を一緒に立ち上げることになった元食品会社のキャリア女性との出会い。新潟の店長となった女性との出会い。おむすびが縁で、次ぎから次ぎへと、まるで糀事業の展開のためであるかのように、登場してきたという。

実際に、店長となった女性は結婚のために埼玉から新潟に行くというタイミングばかりでなく、葉葺社長が出会った人物の中で「甘酒が大好き」と言った二人目の人物だった。秋も深まって、その店長の結婚式が行われたときのこと。不定期発行という「古町糀物語」の第二号が届くと、そこには返信用の葉書が同封されていた。結婚式を挙げる店長に対するサプライズとして葉葺社長が考えた企画で「結婚式おめでとう！　の一言を添えて投函していただけませんでしょうか」と書かれていた。式のときに店長とお父さんに渡したいというのである。

やがて、無事、結婚式が終わって、十二月の「上古町」第二号には店長の結婚式とお客さんから届いたお祝いの葉書の山の写真と一緒に、店長からの熱いお礼の言葉が掲載されていた。

それは店のお客さんにとっては、赤の他人の女性とその相手の幸せを応援することによって、自分もなぜか幸せのおすそ分けをしてもらったような気分になる。また葉書を出さないまでも、後日、通信を読んで古町糀製造所の周りで起こっているできごとを知れば、ひとごとながら「いい話だなあ」と、心温まる。

平凡な日常の消費生活の中で、本来、何のエピソードも生まれるはずがないところに、そうした結婚式の葉書、あるいは手拭いといったものを通して、筋書きのないドラマが進行する。それは葉茸社長の言葉では「おむすびは出会いのツールである」ということであり、事実、新潟でもお店とお客さんを結ぶものとしての機能を十二分に発揮している。

新たな消費体験

古町糀製造所を始める前、葉葺社長が「甘酒をやる」というと、みんな糀事業が商売になるとは思っていなかったという。だが、まずいものなら論外だが、糀の良さ、可能性を信じていた彼は、商売の基本をモノを売るのではなく、伝えることと考えて、オープン前から東京での顧客づくりや話題づくりといった準備を始めてきた。

具体的には「銀座十石」のお客さんに対する告知、通販面での展開。特に銀座「松屋」では地下の催事スペースを使った「古町糀製造所」コーナーで一週間の特売が行われた。「案内を出したら、銀座十石のお客さんが殺到して、通常のイベントの倍近い売上げで大成功でした。『すごい！』と、百貨店内で大事件になったそうで、二〇一〇年のお正月の松屋の甘酒はウチのものに決まりました」

と、葉葺社長は愉快そうに語る。しかも、アメリカ発の食のセレクトショップとして、もっとも注目されている「ディーン＆デルーカ」にも採用されるなど、その好調な出足に「糀事業はまちがいなくうまくいく」との確信を深めたようである。

もちろん、二種類の通信物の発行も、お店のファンづくりの一つである。「お客さんが応援団になってくれない限り、古町の店だけでは成り立たないですから、スタッフその他お店の周辺で働く人々について書くことによって、自己開示しているつもりなんです。そのことで、これまでのお店とはちがった意味での親近感をもってもらえる」

同時に、結婚式の葉書や手拭いなどを含めた取り組み自体が、これまでにはない「新しい消費体験」の提供でもある。

その先には、日本の伝統文化を底辺で支える働き手の仕事を、正しく伝えていくこと。働き方そのものを変える。さらには、会社の在り方そのものを変えたいという密かな目論見もある。その意味では、古町糀製造所の展開は単なる地域おこし、活性化ではなく、本当は日本おこし、ジャパン活性化であることがわかる。また、そうでなければ、実際の力にはならないということでもある。

社長になりたい

二〇〇一年三月の創業以来、「銀座十石」から「古町糀製造所」に至る和僑商店の歩みは、表向き順調そのもの。二〇〇九年末には生姜入りの新商品「神社エール」を発売、店舗と同時に通販部門を充実させるなど、着々と実績を重ねてきている。

「新潟に店を出したことで、ずいぶん進化し人間的にも成長しました」と語る葉葺正幸社長は、一九七三年五月、新潟県十日町に生まれた。父親は警察官、もともとは両親とも農家の出というが、なぜか彼は幼いころから商売人に憧れていた。

「両親の話ではものごころつく前から『社長になりたい』と言っていて、実際に『ピカピカ会社』というのを、幼稚園のころにつくって遊んでいた記憶がある」という。その彼がモノを売る喜びを知ったのが、小学二年生のときの模擬店。みんなが八百屋さんになって絵に描いた野菜や果物を売るのだが、その中で一番売ったのが葉葺少年だった。彼の店ではスピードくじができて、当たると、もう一個もらえる。その体験が子ども心にも楽しかったというから根っからの商売人といえるが、その一方で体格に恵まれたスポーツ万能のサッカー少年として注目されていた。

中学生のころからサッカーのスカウトがきていて「自分の将来について、何となくサッカーの道に進むものと思っていた」というのだが、中学二年のとき、全国大会の試合中に脚を骨折。さらに、キャプテンだった中学三年のときには、監督とのいざこざから、肝心の県大会に起用されないまま、チームは初戦で敗退。泣きながら「自分にはやっぱり商売の道しかない」と、あらためて思い知らされたが、挫折のショックは大きかった。

人生もビジネスも、必ずしも自分の都合のいいようにいくとは限らない。むしろ、逆のケースのほうが多いものだが、そこに努力が必要とされ、創意工夫が生まれてくる。

やがて「このままではいけない」と考えた彼は、そんな自分を変える何かを求め、ひたすら本を読んだ。法政大学に進学後も、四年間テレビを見ないで本を読み続けたという。卒業後、新潟にもどり、教育関連事業から新事業への取り組みを始めていた企業グループに就職。環境事業部に配属され、微生物を使った生ゴミのリサイクル・プラントの販売を手がけた。とはいえ、それは素人である彼の目にも、とても自信を持って売れるようなものではなかった。思うようにいかない仕事に危機感を募らせた彼は、将来に備えて、ひたすら勉強を続けた。

営業にならないとはいえ、彼の仕事に取り組む姿勢自体は評価されていて、ヘッドハントにあうようになった。ある日、大手人材派遣会社から横浜の所長になってほしいという依頼が来て、彼は「要はどこでやっていても、見てくれている人はいるんだ」ということを知ったという。

もともと「自分の商売は四十歳から」と考えていた彼は、それまでは修行のつもりだった。しかも、求められているのは営業力であり、社長というわけではない。

全部断っていたが、ついに「おむすび屋の社長にならないか」という話が舞い込んで、彼は間髪入れず「やります」と答えていた。

銀座十石

「やります」と答えたものの、葉葺社長が最初に考えたことは「おむすびって、一体誰が買うんだろう」ということだったという。

「両親とも新潟の米どころ十日町出身で、普段から魚沼産コシヒカリも食べてたんですけど、逆に粘りが強すぎて、おむすびになったときの食感が良くないんですね。ですから、どちらかというと、あんまり好きではなかった」と、意外な本音を語る。

しかも「新潟でやれ」というので「新潟だけは勘弁してください」と頼み込んで、彼は東京に出ていった。知り合いのいる新潟ではやりたくなかったのである。

おむすび、さらには弁当まで視野を広げたとき、寿司バー、回転寿司が世界を席巻しているように、それが世界のマーケットに直結する日本の食文化だということも見えてくるのだが、若い葉葺氏にとって、おむすび屋の店主はベンチャー企業の社長というには、あまりにも隔たりがあった。だが、目の前に用意された社長の椅子との落差が大きかったからこそ、彼はやがて働くことの意味、商いの本質を考えさせられることになる。

おむすび屋を始めるに当たって、彼には事業計画書一つ満足につくれなかった。外からおむすび屋を見ていても、肝心なことはわからない。月日ばかりが過ぎて、やがてノイローゼになり「逃げたい」と思ったという。

追い詰められた彼は「とにかく一度やって、失敗して新潟に帰ろう」と考え、おむすび屋に飛び込んでいった。名刺を出しながら「あのー、おむすび屋をやろうと思うんですけど、おむすびって商売になるんでしょうか？」と切り出して「バカにするな！」と烈火のごとく怒鳴られ塩をまかれたこともある。そんな中で、温かく迎えてくれて、厨房からシフトの表まで見せてくれるところもあった。

そんなある日、銀座三丁目にあった「銀座十石」を訪ねることになった。そこは都内を回った中でも、特においしくて「こんなお店が展開してきたら、とても太刀打ちできないな」と思っていた、憧れの店であった。意を決して、名刺を出した彼に、後日、オーナーから電話がかかってきた。

「君、ウチの店を買いたいんだって？」

「エッ？　そんなこと言ってません」と、話はかみ合わないのだが、とりあえず訪ねていったのが、親会社の海産物商社であった。偶然にも新潟出身だという経営者は、葉葺社長の話を聞くと「君、実際にお店を立ち上げてみたらどうだい。いまいる店長を一カ月残してやるから、君が買えよ」ということになって、結果的に、ほとんどタダ同然で譲ってもらったのが「銀座十石」であった。

お店って何？

「銀座十石」は地代が高かったため、初年度こそ黒字にならなかったが、半年後にはプランタン銀座への出店が決まるなど、二期目、三期目と黒字を計上。さらに恵比寿「三越」に出店するなど、順調であった。

「次に出したＪＲ八王子駅では、予想以上の売上げがあって、そこで楽勝ということで終われば良かったんですが、次に出た都内のＪＲ駅が改札のすぐ前なのに全然売れませんでした。こんなに人が通るのに、何で売れないんだろうと不思議なほど売れなかった」と、首を傾げる。

やがて、百貨店の売上げがガクンと落ちてきて、会社がちょっと傾いてきた。あらためて商売の難しさを痛感した。「店って何だろう」と悩み、自信をなくした彼は勉強のため、客の来ない駅前の店で本を読んでいたという。

「もう、店の展開は無理だ」と考えていると、電話で「おむすびを届けてほしい」という依頼が増えてきた。テレビ局、ＣＭ制作会社などからの、いわゆるロケ弁であった。

そうしたデリバリーの売上げが月二百万円になったころである。好時魔多しというが、「銀座十石」のリニューアルと同時に、築地にデリバリーセンターをつくって、本格的な営業を展開しようとしたところ、肝心の営業スタッフがゴソっと抜けて経営が悪化するなど、表向き順調に見えた和僑商店は、いつ倒産してもおかしくない状態に陥った。

「無理な投資が響いて、四年目で底についたと思ったら、もっと深いところがあったのかというところまで落ちてしまった」という五年目の十二月決算。ついに、万策尽きた葉葺社長は、出資者に「会社を潰してください。これ以上、出資してもらっても挽回策がありません」と、頭を下げたという。

だが、資金的な危機の一方で、確実に「銀座十石」には良質のお客さんがついてきていた。デリバリー事業も、まさにこれからという状況であった。結局、和僑商店は最大の危機を増資によって切り抜けることで、翌年には利益を出し、その後は順調に推移して、今日に至るわけである。

一体何が問題だったのか。葉葺社長は「商売とは、お店とは、仕事とは何か」の答えを求めて、多くの経営者が参加しているワクワク系マーケティング実践会で、あらためて商売の原理原則を学んだことが大きかったと語る。

接客はもちろん、さまざまな試み、工夫が顧客の喜びにつながることを学んでいるうちに、自然に売上げが上がっていった。

明和義人祭

毎年八月、新潟の上古町では「明和義人祭」が行われ、愛宕神社の神職をはじめ古町芸妓、町内会の代表、そして義人の涌井藤四郎らに扮した面々が古町通りを練り歩く。

十八世紀半ば、江戸・明和年間に幕府の財政が行き詰まり、さまざまな改革が行われる一方、各地で一揆が起きていた。新潟でも一揆が起こったのだが、困窮する町民の暮らしを救おうと、町民自ら藩に代わって町政を行うという珍しい住民自治の歴史があった。その町政のまとめ役が涌井藤四郎であり、彼らはお上から良からぬことを画策したとして打ち首になるのだが、町民のために立ち上がった彼らを、新潟では「明和義人」と呼んで、今日まで語り伝えてきた。

実は二〇〇九年、祭りの主役である涌井藤四郎役に扮したのが、和僑商店の葉葺社長であった。「明和義人」について学んだ葉葺社長は「町人でも、こんなことをしている人たちがいるんだと知って、今自分がやろうとしていることとあまり変わらないんじゃないかなと思った」と、不思議な縁を実感したようである。

「銀座十石は、単なるおむすび屋ではない」「店舗数で一番になるのではなく、要はカッコよさ、日本の伝統文化をベースにした和の素材、文化を展開していきたい」という葉葺社長率いる和僑商店は、企業が社会の再生のために活躍する時代になったとの認識のもとに、率先して挑戦を続けてきた。

「銀座十石をはじめ、古町糀製造所をつくっていく中で、事業というのはまちがいなく人を幸せにできるということを、いかに周りに伝えるかが私の課題になっていて、実際にお客様から取引先まで、まちがいなくそれができると思った」と、明るい笑顔で語る。

例えば「銀座十石」の中でパートの人がケガをしたというと、心配したお客さんから花束が届く。二十歳の男の子が辞めるとき、お客さんから「君がここで働いたことは、将来の財産になるよ」と言われれる。そんな、普通はあり得ないことが、百貨店の一角で起きてくる。

「そうした体験を一度でもすると、働くことがこんなに楽しいとは思わなかったって、若い人の頑な心が、まるで氷が溶けていくような感じになる」という。

あるいは糀事業に関して、甘酒づくりに葉葺社長は新潟産コシヒカリを持っていった。それを見た杜氏は「こんないい米を使っていいんですか」と驚きながらも「血が騒ぐ」と言ったという。

「〝あなたがうれしいと、わたしはたのしい〟というJTの広告コピーが好きで、私にとって商売とは何かというとき、これに尽きるなと思う」という彼は、和僑商店に関するあらゆる仕事が、それぞれ本来の働く喜び、楽しさにつるがることで、働く人たちのモチベーションがちがってくることを日々実感しているようだ。それは自分中心の世の中で、逆に相手のことを先に考える、周りを喜ばせることで、自分も楽しくなるということだ。

その先には事業を通して、働き方、会社の在り方そのものを変えるという狙いがある。ちなみに、和僑商店の「和僑」とは聞き慣れない言葉だが、中国の華僑をヒントに「海外へ飛躍する日本の商人」をイメージした造語である。「和」は聖徳太子の言う日本の心であり、日本文化の知恵、その本質である。和を極めることは即ち世界に通じる、という壮大な夢と使命を秘めた和僑商店そして葉葺社長の今後の活躍が期待される。

❖　❖　❖

和僑インターナショナル

私事だが、新潟の家は作家・坂口安吾の生誕地という石碑などの建っている新潟大神宮の境内のような一角にある。実際に、新潟の知人が住所を調べて「そこって、神域じゃないですか」と言われたこともある。十年ほど前、我が家の隣に住んでいたという料理研究家は「たまに神様の風が吹いていると思った」と話していた。

なるほど、言われてみれば、その通りかもしれない。だが、ずいぶん前から、日本社会全体から宗教的なるものが排除され、同時に神は眠ったように、表向き姿を消している。私の周辺でも同様だが、それでも風の中に、あるいはさまざまな現象の中に、そのつもりになれば神の存在を感じ取ることができる。

そんな思いで、二年前のある日、新潟を拠点にした事業グループの本部を訪ねていった。そこの代表がビジネスの傍ら神社の宮司だったからである。夏の暑い中ということもあってか、多くの寺社同様、そこでも神は隠れたまま眠っているようであった。

その道の途中に「古町糀製造所」があって、後日、紹介してもらったのが「和僑商店」の葉葺正幸社長である。

戦後教育を受けて育った葉葺社長は、多くの同年代の経営者同様、宗教とは無縁に育ったというが、現在の仕事を始めて以来、いろんなところに神の気配、存在を感じ取っているようだ。

確かに、お米を素材にしたおむすび、お米を発酵させた糀でつくった甘酒を事業にしていく過程で、知らず知らずのうちに日本の本質的な部分と密接に結びついていくことによって、神の存在は身近に感じられるものとなる。五穀豊穣を願う米作りの仕事は、常に神事に直結しており、神社とは切っても切り離せない関係にある。同様に酒は昔は神社で造られていたぐらいで、こちらも神事そのものである。

葉葺社長がおむすび屋を起ち上げ、甘酒屋をやろうということは、世間にあって、神事を扱うという意味でも、実に伝統的かつ宗教的なことなのである。

だが、その道は一筋縄ではいかない。３・11東日本大震災はさておき、七月に起きた東京・築地場外市場の火災によって、和僑商店の工場・事務所が焼けてしまって、その後始末、善後策に奔走することを余儀なくされたとか。

そんな中、古町糀製造所は商品のラインナップを広げて、牛乳を使わない糀ベースの古町ジェラートを新発売。新潟の店も今では日曜日にもオープンするようになっている。

もともと、和僑商店は彼としては同年代の多くの若きベンチャーの雄たちを横目に「和僑インターナショナル」とつけたかったのだが、「おむすび屋にインターナショナルなんて、カタカナが合うと思うのか」という出資者の一言で「和僑商店」になったとのいきさつもある。

だが、醤油に典型的だが、世界のマーケットを意識したとき、実は日本の企業の強みは、結局、もっとも日本的なものにあることが多い。インターナショナルで通用するには、ナショナルなものに限るというわけである。その意味でも、実は日本を扱うことが、そのまま世界No.１への道なのである。

第12話

世界一の戦艦大和（十分の一）を建造した「山本造船」

山本一洋　社長

❖誰にもできなかった十分の一スケールの戦艦大和
❖広島大学名誉教授の遺言と「平成の大和」建造秘話
❖呉市海事歴史科学館「大和ミュージアム」の目玉

映画「男たちの大和」の撮影にも使われた十分の一スケールの「戦艦大和」は今、広島県呉市の海事歴史科学館「大和ミュージアム」に飾られて人気を博している。

本物の「大和」は当時の世界最高の技術で造られ、その後の造船技術に影響を与えた。

十分の一スケールの「戦艦大和」は、多くの海軍関係者、模型マニアの夢として、語り継がれてきた。だが、多くの実績のある大企業がしり込みした、その〝偉業〟をなし遂げたのが山本造船であった。

大和のタブー

二十一世紀の世界を震撼させた9・11テロから十年、日本そして世界に衝撃を与えた3・11大震災は、いろいろなことを考えさせる。地震と津波で一変した瓦礫の町の光景や福島原発事故による放射能の拡散は、戦争を知らない世代にも戦後の焼け跡と広島・長崎の原爆の再来のようである。

日本の敗戦を象徴するものは少なくないが、今日の技術あるいはベンチャーを考える上では、戦艦大和の存在もその一つである。戦艦大和は旧海軍工廠があった海軍の町・広島の呉で誕生した。呉を代表する造船所には目立つところに「大和のふるさと」と書かれている。その造船の町は今も海上自衛隊の町として知られる。

そんな昭和から平成へという大きな時代の変化を象徴しているのが、呉市海事歴史科学館「大和ミュージアム」の目玉となっている十分の一「戦艦大和」であろう。

大和ミュージアムの主役「十分の一大和」の全長は 26m

戦後六十年、二〇〇五年（平成十七年）四月の開館当時「年間四十万人」を目標にしていたという大和ミュージアムは、わずか三カ月で目標を突破し、一年間で百八十万人を集めて話題になった。オープンの年に封切りとなった映画「男たちの大和」の撮影にも使われた十分の一大和が、その最大の売り物である。二〇一一年のゴールデンウィークにも自粛ムードが漂う中、多くの日本人観光客で賑わった。

ミュージアム内に展示されている大和は、実物の十分の一とはいえ二六・三メートルと、どう見ても立派な船である。模型と思って訪れる人々は、その大きさ、細部に至るまでの精巧さ、そして何よりその曲線、形状の美しさに圧倒される。

戦艦に限らず、最先端の技術でつくられるあらゆるものは基本的に美しい。巨砲を搭載するために、通常の戦艦よりも横幅が広い大和は、速度を早めるために独特の形状の球状艦首を採用している。当時、世界最高と言われたその技術は、戦後日本の造船技術に引き継がれ、いまも巨大タンカーなどに生かされている。

十分の一大和の完成から六年後の今日、この「平成の大和」あるいは「二十一世紀の大和」を現代に復活させた山本造船（山本一洋社長）を取り上げるのは、建造当時、封印されたまま語れなかった大和のタブーをそろそろ解く必要があるからでもある。

さまざまな思惑と事情を抱えながらオープンした大和ミュージアムだったが、主役の十分の一大和が脚光を浴びる中で、なぜか呉市および大和ミュージアムが主催する多くのイベントには山本造船・山本一洋社長の姿が見られなかった。単純に声がかからなかったからだが、なぜ呉市並びに関係者が山本造船を呼びたくなかったのかは、容易に想像できる。

大和ミュージアム開館後、呉を代表する企業の社長が十分の一大和を見て「なぜ、ウチが造らなかったのか」と、現場の人間に不満を漏らしたというが、呉が誇るべき二十一世紀の大和は、皮肉にもニッポン株式会社をリードする大企業ではなく、呉の中心から離れた、二〇一二年のNHK大河ドラマ「平清盛」の舞台となる音戸町で造られたからである。それは見方によれば、本来は呉の看板企業が担うべき真打ちの舞台を、想定外の伏兵に掠め取られたようなものだ。

山本造船の名前が表に出なければ、十分の一大和も呉の造船大手が製造したと、勝手に思ってもらえる。だが、山本造船が十分の一大和を建造した事実を抹殺できるはずもなく、大企業重視の異常な行政の在り方は、やがて糾弾される。「何で山本造船を呼ばないのか」「大和の最大の功労者だろう」という抗議の声が、多くの関係者、ボランティアの中から上がって、その後は山本造船がクローズアップされる機会が増えていく。

名誉教授の遺言

十分の一大和の建造は、戦艦大和に深い思い入れのある海軍関係者や模型マニアの間では常に話題になってきた、一つの夢として山本造船が関わる以前から、持ち上がっては消えるといった紆余曲折を経ている。中でも、東京の「船の科学館」に展示されていた五十分の一大和をつくった日本海軍艦艇模型保存会の河井登紀夫代表が、生涯の集大成として復元に取り組んできた。その完成させた十分の一大和を呉市が計画していた博物館（現・大和ミュージアム）に寄贈するという話だったのだが、当の河井氏が一九九八年に亡くなったことで、構想は頓挫する。

だが、彼の思いだけは呉市に引き継がれたということだろう、呉市は二〇〇五年四月に完成した大和ミュージアムのメインの展示物として、十分の一大和を復元させたのである。とはいえ、相手は戦艦大和である。

大和ミュージアムに展示する十分の一大和は、呉市が将来のため世界に誇れるシンボルとして、その復元を推進してきた。地元の名士からなる製作検討委員会もできて、当然ながら呉市の担当者も地元の造船会社に話を持っていった。造船大手の何社かの名前が上がって、そのうちの一社が造るということで進んでいた話は、やがてすべてに断られてしまった。

結局、最後の一社として十分の一大和の話が山本造船に持ちかけられたのが、二〇〇二年の夏、海事博物館推進室の担当者からであった。その場で「企画書を提出してほしい」と言われて、二カ月後、企画書を持参した。

ところが、翌年になって市側から「十分の一大和の件はなかったことにしてくれ」と、平気な顔で断ってきた。それで終われば山本造船の出番はなかったのだが、その年の三月、再び山本社長のもとに推進室担当者が広島大学名誉教授とともに押しかけてきた。

「呉市の都合で、二度と振り回されたくない」と思っていた山本社長の気持ちを、もう一度大和に向かわせたのはその名誉教授だった。

教授は山本造船のこれまでの実績について尋ねた。取引先について、どういうものを造り、どんな修理をしているのか、従業員のレベルはどうかなどなど。いろいろな質問に対する答えを聞いて、教授は納得したということだろう。

「本当に迷惑をかけているのはわかるが、大和を造ってくれるところがない。だから、もう一度本気で考え直してくれないだろうか」

と、山本社長に頭を下げた。しかも、二週間後、教授は帰らぬ人となった。山本社長は知らなかったが、末期ガンに冒された体を押して訪ねて来ていたのである。

その出会いがまさに教授の遺言であった。その後、毎日のように推進室担当者が電話を寄越し、直接押しかけて来ては「大和を造れるのは山本造船しかない。世の中のためになるものを造るのだから、本当に誠心誠意、お願いしなければいけないという、それが教授の遺言、最後の言葉だ」と繰り返した。

勝算ゼロ

本来、大企業が造るべき大和を、なぜ山本造船が造ることになったのか。答えは意外にも大企業には造れなかったからというものである。教授が教えてくれた答えはニッポン株式会社の弱点と限界をよく示している。

大企業にできなかったのは、予算額が限られているからでもある。利潤を優先するあまり、採算を度外視できない体質がある。そして、現実問題として、工期が足りない。まさに日本の大企業の多くに失われているものの一つが、小回りの効く対応と決断、要はスピードだからである。

そのすべてをクリアできるのは、確かに中小企業のオーナー社長でしかない。

「まったく白紙の状態で、ノウハウもなければ何もない。勝算ゼロどころか、予算も工期も足りないというマイナスからのスタートですから、受けること自体があまり賢くない」と、山本社長は当時の心境を語る。

さすがの山本社長も思い悩んだ末、海上自衛隊OBで、当時、三井造船玉野工場の顧問をしていた稲田悟・現「山本造船」相談役にアドバイスを求めた。

話を聞いた稲田氏の答えは「最初からできるという保証はないのだから、これは男気で『やってやるか』という気持ちだけですよ。呉市もやりたい、しかもできるのはここしかないと言っている。あとは社長がライフワークの一つとしてやるという決心次第です。決心すれば、私にも多少は協力できることもある」というものだ。

そんな山本社長の決断があって、十分の一大和建造はようやく進み出すのだが、実際に山本造船が着工したのは、二〇〇三年四月。呉市との契約は半年後の十月である。契約前に見切り発車を余儀なくされたのは、工期の関係から、さっそくスタートしなければとても間に合わないからである。

そのため呉市との契約がないまま、自社のリスクで三井造船子会社の三造エムテックに船体を発注。大和の建造は進められたのだが、契約に至るまでの半年間は「何度も辞めようと思った」と、その厳しい胸中を語る。その度に周りの協力で思い止まってきたが、持病の腰痛も悪化して、精神的に追い詰められた。

山本社長は契約の直前、ついに「大和は止める」と、いつも身近にいる夫人に宣言した。船体を引き渡して、そこで止めれば、損害はまだ少ない。

というのも、工期や技術的な問題以前に十分の一大和の建造には、あまりにも問題が多すぎた。以前から十分の一大和に関わってきた東京の業者が絡んでいる。「ある」と言っていた建造図面も工事仕様書もない。造船大手の話を聞かされる。次から次へと出てくる不安材料を前に、契約を迫る呉市に対する不信感もあり、とても契約などできなかった。当時は健在だった実の父である先代社長に内緒で進めてきたこともある。

だが、夫人は「誰も造らんからウチに来ているんだから、やればいいじゃない」と言って「ウチは潰れるぞ」という山本社長の言葉にも「そのときはそのときよね」と、大和を造るように促したという。だが、いかにその決断が山本造船にとって重いものかは、呉市との契約が成ったことを報告に行ったときの先代社長の発言が、よく物語っている。

報告を聞いた途端「バカ野郎。何てことをする。山本造船を潰す気か！」と罵声が返ってきた。しかも、その後も一年ほど「ウチのバカ息子が大和を造るいうて、会社を潰すわい」「いまからでも遅くない、止めえ」と言っていたというから、山本社長の男気とはいえ、いかに無謀な決断だったかということだ。

進水・命名式

呉市との契約がなったからといって、状況は好転するどころか、逆にそれまでの話とはちがって、船体をミュージアム内に運び込んで作業をしてほしいということになった。完成後では大きすぎてミュージアム内に運び込めないためだが、要は船の完成を待っていたらミュージアムの建設が進まないという事情からである。

おまけに、一時は「進水式もやらないでほしい」という話さえあったのだが、進水式は船の命である。「模型の進水式など、前代未聞のことだろう」と言われたが、それは周りの言うことであって、そもそも山本社長には模型を造るつもりはなかった。十分の一大和は二六メートルの本物の船である。

だが、進水・命名式として、二〇〇四年の二月一日に行われた十分一大和の進水式は、必ずしも山本社長の望む姿ではなかった。すべてを完成させた姿ではない上に、山本造船のドックから海に向かった大和は、水際でストップ。一度も海水に浸かることがなかったからである。あとは、クレーン船でつり上げられて、その日のうちに呉港桟橋脇に建設中の大和ミュージアム内に運び込まれた。

進水式は、十分の一大和を山本造船が造っていることを、初めて世間に公表するセレモニーでもあった。だが、その形ばかりの進水式自体が十分一大和建造の前途多難さを象徴していた。

その後の完成までの道のりは、周囲からの「工期が一年半でできるはずがない」「必ず失敗する」という冷やかな受け止め方の中での、まさにチャレンジであった。

「大和」の悲劇

大企業にできない理由はすでに指摘した通りだが、大企業にもできないものが山本造船にできるという保証はない。事実、その復元への道は苦難の連続であった。

そんな一つが、十分の一大和の建造は百分の一大和の模型を十倍にしたものではないということだ。山本社長自身、当初はあまり深くは考えていなかったというが、実際に取りかかってみると、百分の一では見えなかったものが、十分の一では見えてくる。そのため、すべて本物と同様に造り込まなければならないということがわかった。そのとき初めて彼は「これはとんでもないことになった」と気づくわけである。

そして、最後まで山本社長を悩ます大きな誤算は、十分の一大和建造計画が山本社長の知らないところで、すでにある程度まで進行していたことである。彼らが造ろうとしていた大和は、「一・六ミリの鉄板を溶接でつないで」というもの。鉄板といえばもっともらしいが、要はブリキである。

実際に一部の部品は製作が進められていたが、山本造船としてはとても使える代物ではない。

しかも、甲板の「見本」として持ち込まれたのが、厚めのベニヤ合板である。予算が少ないこともあり、合板に墨で線を引いて甲板らしくすればいいというのが、当初の呉市の意向でもあった。

だが、船の建造や修理に携わってきた山本造船にとっては、二六メートルの模型・張りぼてなどはあり得ない。どう考えても立派な船である。山本社長としては「合板でいい」と言われても、手を抜くわけにはいかない。

「彼らが『それでいい』というものを造れば、自分たちが笑われる」と、山本社長は当時の思いを振り返るが「模型ではなく、本物を造る」との思いは、十分の一大和の建造に関わった現場のプロたちの共通の思いでもあった。

結局「本物と同じように造ろう」と苦労して探してきたのが、実物の「戦艦大和」の甲板に使われた台湾ヒノキの木目に似たタモ材であった。そのタモ材を使って、当時の山本造船の最年長の職人・大下俊明棟梁が甲板の見本を製作した。何度かつくり直して、ようやく甲板のメドがついたことで「平成の大和」建造は本格化していく。

十分の一大和の船体は百年対応できるものとして、通常の船舶の五〜六倍の強度を持たせている。だが、山本社長が持っていく仕様書に「建造工事」とあるのを、呉市のほうではわざわざ「模型製作」に変えてくる。

大和の進水式の日、模型と聞いていた実物が立派な船であることを知った小笠原臣也市長（当時）が「船ですね」と呟いたが、後の祭りである。平成の大和の悲劇である。

大和の生き残り

「大和は国のまほろば」と称されるように、大和は日本の優れているものの象徴である。その名を冠した戦艦大和の人気は根強い。少ないとはいえ、生還した大和の元乗員がいる中での建造は「下手なものは造れない」という無言のプレッシャーでもある。

大和ミュージアム内に船体が運び込まれて作業が進んでいたある日、テレビの取材で数人の元大和乗員と遺族の人たちが建造途中の大和を見に来たことがあった。九十歳前後の彼らに、山本社長があいさつをするのだが、なぜかいい顔をされない。

「やはり十分の一では、元乗員として満足できないのかな」と思ったというが、その彼らが十分の一大和の周りに組まれた狭い足場を行きながら、甲板の見えるある地点で立ち止まると、「私はここで最後に上官から『お前はまだ若いんだから生き延びろ！』と言って海に突き落とされたんです。死んでいった仲間に、申し訳ない」といって泣き崩れる。

そんな彼らの姿を見せられる山本社長は、自分たちが知らない戦争の悲劇が今も続いていることを知ると同時に、死んでいった仲間を思う彼らの気持ちを裏切る中途半端なものは造れないとの思いを新たにする。

「まあ、私としてもますます銭カネの問題ではなくなった」と語るように、十分の一とはいえどんどんグレードが上がっていった。

そのため「ここもダメ」「あそこもダメ」という具合に、満足できない部分を造りなおす。その度に、出費が嵩んでいく。その結果できあがったのが「平成の大和」である。

大和に限らず、完成品としての〝商品〟はその使命、価値をとことん突き詰めれば、予算の関係その他、さまざまな事情があったとしても、安かろう悪かろうでいいはずはない。大和と運命を共にした人たち同様、商品は何も語らないが、そんな彼らの声に耳を傾ければなまじっかなものを造っていいわけがない。

ましてや、相手は大和である。

だが、逆に完成したときの喜び、満足感は大きいものがある。

「二〇〇四年十一月になって、大和の完成時の形が見え始めたときに、ホントに自分がここまで関わってこれたのかと思って、それまでの記憶が蘇ってきて、夢心地なんです」と充実した夢のような日々を振り返る。

甲板の板張りを担当した大下棟梁が使った板は約四千枚。その一枚一枚を三カ月かけて一人黙々と張り続ける。甲板の表面は水はけを考えて真っ平ではなく、微妙にカーブしている。それを一寸の狂いもなく張っていくのは経験と勘しかない。まさに神業ともいえる日本の内匠の世界である。あるいは、十分の一では省略できる部分がほとんどないため、手すりや滑車、アンテナ用の絶縁碍子まで図面に起こす。四つあるスクリューも既製品ではなく、本物と同じものを特注した。そのこだわりは表からは見えない部分にまで及んでいる。

休みは元日だけという正月返上の突貫工事が行われた二〇〇四年に続き、翌〇五年も大和ミュージアムの建設工事が休みの年末年始に全体の塗装工事を敢行するなど、最後まで妥協を許さない作業が続いて、平成の大和は完成に漕ぎ着けた。

そのこだわりは「大和の復元というと右翼思想や戦争賛美になると思われがちだが、そうではなくて、大和こそ日本人の原点だと思う」というところにある。戦争につながるからと、逆に戦争の真実を直視しない。その結果が今の世の中をつくってきたと思えば、国のため命を完全燃焼させて散っていった多くの人たちがいて、いまがあるという事実をもう一度思い出す必要がある。まさに大和はその原点なのである。

完成後、十分の一大和を見に来た大和乗員から「実物そっくりじゃ、ええものを造ってくれてありがとう」と言われ、胸の支えも取れた。

仕事の捌け口

「大和のふるさと」呉市に生まれた山本社長は、山本造船の三代目である。祖父が昭和四年に創業、戦時中は呉の海軍工廠で軍艦の搭載艇などの建造に携わっていたが、戦後再び造船業をスタートさせた。一九五五年に生まれた山本社長はものごころつくころから祖父の仕事をやがて継ぐ孫として身近に見て育った。当時の山本造船は自前の木造船を建造して、造船業の傍ら海運業にも進出。幼かった山本少年も休みのたびに船に乗っていた。そんな山本少年の夢は、地道な造船業よりも海運業者になることだった。

小学校四年のころ、祖父にそんな夢を語ったことがある。「海運業をやりたい」そういうと、いつも優しい祖父が声を荒らげ「お前がするような仕事じゃない」と、大変な剣幕で怒鳴られたことがあった。

祖父の中には海運業は相場に左右されることもあって、どこかまっとうな商売ではないとの思いがあったようだ。一九六六年、二代目に引き継ぐに当たって海運業から手を引き、造船一本になった。

祖父も二代目の父と合わなかったというが、山本社長も二代目に反発して大学を中退後、フリーター生活を送っていた。そんなある日、父親が高血圧で倒れて、無理やり帰されることになった。一九七九年に山本造船に入社、造船の仕事に従事する。

倒れた父親は、後遺症もなく現場復帰したため「父親の下で、本当に針の筵でした。会社にいるのが嫌で嫌で、まるで刑務所にいるようでした」と、当時の心境を語る。

そんな様子を心配した中学時代の恩師が、彼をテニスに誘った。仕事の捌け口だったとはいえ、中学の後輩の面倒を見るようになると「超運動音痴だった」という彼は、やがて県の大会で優勝し、県でも勝てるようになって、国体にも出場するまでになった。

そのテニスが縁で、十分の一大和を建造するに当たって大きな力となる海上自衛隊OBの稲田悟・山本造船相談役と出会うのだから、何が幸いするかわからない。

仕事の傍らテニスに熱中していた山本社長だったが、二〇〇一年に三代目を継ぐ。二代目はまだやる気は十分だったが、高度成長期を好き勝手にやってきた二代目のやり方では山本造船に将来はないとわかったからである。

その決断は、親子という関係だけを見れば厳しいもののようだが、一方で、当時親子仲良く仕事をしていた地元の造船会社の多くは廃業に追い込まれている。その意味では二代目に反発したからこそ今日まで生き残ることができたし、十分の一大和を完成させることもできたわけである。

山本造船の夢

十分の一大和の建造計画は、もともとは大企業が十億円の予算でやるはずが、やがて四億円で東京のグループがという話になり、いずれも頓挫した後、山本造船がその四億円で受けたと信じられてきた。だが、実際には大和ミュージアムの建物が四十五億円の予算で造られたのに対して十分の一大和の予算は二億円。その中から、山本造船からクレーン船でミュージアム内に運び込む移送費約二千万円を負担した他、模型ではなく本物にこだった結果、予定外の費用が次々と嵩んでいった。

「十分の一大和の完成後、各方面から『よくできたね』と称賛され、それまでとはちがう人たちとのつきあいが増えて、全国区の仲間入りを果たした。これで向こう十年間、仕事は安泰かなと思ったんですが、そんなことはなかった」と、山本社長は浮かれていた当時を反省する。

全国から来るのはほとんど商売にならない話で、結局は既存の仕事の量を増やして、造船以外の仕事を増やして、何とか維持できているのが現状のようである。その意味では現実に大赤字に終わった十分の一大和は、山本造船にとっても、採算だけを考えれば、とてもできない仕事であった。だが、逆に通常の仕事では得られない充実感、達成感のある記念すべき仕事でもある。

現在の山本造船の特徴は仕事の中心である船舶修理の九〇%を自社で行っていることだが、大手に限らず、中小でも造船会社では一般的に外注工事がかなりある。そんな中で、逆に山本造船は多くの船の内部の木工艤装、FRP関係の製作・補修から、エンジンのオーバーホールはもちろん、油圧装置のオーバーホールその他、船舶電機に関する少々の工事は自社で賄える。溶接も鉄、ステンレス、アルミの他、銅管までできる。そうした目立たない技術もまた、十分の一大和に関わることができた大きな要因でもある。

大和の完成から六年。経済が低迷し、厳しい造船業界にあって、業績的にはこの二年はうれしい誤算が続いたというが、その分、今年度は厳しい数字になる。そのため、これまでやったことがない仕事を増やそうと、いろんな形での穴埋めを考えているという。

そんな山本社長にとっての山本造船の今後の展望をきくと「もう一度、大和のような夢のある仕事をしたい、世の中の役に立つ仕事をしたい」という。しばらく、そのための暗中模索の日々が続くことになる。

❖　❖　❖

本社創立八十周年記念

二〇一一年七月「国内造船、受注減で悲鳴」という記事が「日経」に載っていたが、二度目の取材のため、山本造船を訪ねていった五月、3・11大震災の影響もあって、造船所のドックには船が一隻も入っていなかった。

「こんなことはいままで一度もなかった」ということだが、主要取引先の一つである海上自衛隊の護衛艦、輸送艦や搭載艇などが被災地に行ったままという状況が続いていたこともある。

その意味では、3・11東日本大震災・福島原発事故は、呉の山本造船に直結するできごとだったのである。

もともと「十分一大和」の建造中、完成の記念に「大和コンサートをやろうか」という話が出て、そのための曲づくりも始まっていた。その一曲が現在、CDになっている「テーマ・オブ・ヤマト（THEME OF YAMATO）」だった。

建造当時はまだ未完成だった曲が完成して、いよいよコンサートもできるということから、四曲入りCDのレコーディングが行われていた。その最中に、3・11大震災が起こったのである。大震災による津波被害そして福島原発事故が重なって、3・11大震災は戦後の日本を襲った「第二の敗戦」「第二の原爆」と、いろんなところで言われたが、山本一洋社長の周辺でも、「THEME OF YAMATO」完成記念とのことで進めてきたコンサート企画を「東日本大震災復興支援プロジェクトKURE」にしようということになった。そして、「THEME OF YAMATO」を犠牲になった人々に捧げる「鎮魂歌」として、九月四日、呉市民会館ホールで行われたのが「大和チャリティコンサート2011」であった。

その日、大雨で各地に大きな被害をもたらした台風十二号が四国から日本海を通過していくという、まさにその渦中のチャリティコンサートである。

「悪運強いですから」という山本社長は、台風十二号が直撃する中、準備を進めて、ついに国内外の超一流ミュージシャン＋α（スペシャルゲスト）を招きコンサートを大成功に導いて、無事、義援金を送ることもできたという。

「最高に盛り上がった」というチャリティコンサートは、山本社長が「終了後、各方面からお褒めの言葉をいただきました」というように、実に有意義なものとなったようだ。

山本造船では「戦艦大和」の完成後「山本造船創立八十周年」を記念して、二種類の酒を造った。一つは千福酒造の特製ラベルの焼酎と、もう一つは桜うづまき酒造製の黒いボトルに金色で「大和」の線画が描かれたナンバー入りの焼酎である。

私も取材の御礼ということで、お裾分けに預かったが、それは贈られるほうはもちろんうれしいが、これを記念につくる山本造船にとっても、製造を頼まれた蔵元にとっても幸せなお酒・焼酎ということになる。

「大和」という誰もが知っている歴史上の戦艦を再現する仕事は苦労も多かったが、その分、貴重な思い出や普通ではできない体験を得るチャンスともなった。

そんな一つが創立八十周年の記念の酒、あるいはチャリティコンサートというわけだが、山本造船が建造した十分の一大和は、今後も戦争や「大和」が話題になる度に、あわせて語られることになるはずである。

エピローグ
ベンチャーキャピタルの在り方が物語る日本のベンチャー企業

ベンチャーキャピタルの行動様式

一九九九年八月、本書の元となる連載「ベンチャー発掘」の第一回目は「ベンチャー企業って、何？」という見出しの一文から始まる。

「ソニーもホンダも、トヨタも新日鉄も、もとはといえば、ベンチャー企業である。画期的なベンチャーであったからこそ、世界に通用する大企業に成長した。

ということは、ベンチャー企業とは現在の日本の大企業に失われてしまった起業家精神を体現している企業のことであり、実は本来の企業活動そのものを意味する。

そして、日本社会に広く蔓延する閉塞感は、まさにベンチャー精神が日本の企業社会から失われつつある結果である」

なるほど、その状況は今も変わらない。と、そんなことを強く思うのは、もっともらしいベンチャーキャピタルがたくさんあっても、その存在自体がベンチャーを冠するには相応しくなく、ほとんど機能していないからである。

仕事の性格上、資金面の手当てが前提となることもあり、ベンチャーキャピタルには銀行などの金融機関の子会社が多い。その結果、長年の融資業務同様、不動産その他の担保があって初めて融資するなどといった、ベンチャーとはほど遠い行動様式が骨の髄までしみ通っている。

というのも、某ベンチャーキャピタルの役員は、知人を介して、私の「ベンチャー発掘で取り上げたら面白い」というベンチャーをいくつも紹介してくれた。例えば、アスベストの画期的な無害化技術、癒しの空間をつくるアルファ波誘導装置、温暖化時代の新農法など、それらはみなベンチャーキャピタルが最終的に融資しなかった技術である。

紹介されて、取材して記事にするたびに「なぜ、融資できないのか?」を聞いたことがある。その答えは、意外ではあったが逆に実によくわかる話でもあった。

「私は面白いと思うんですがね。新しいもの、独創的なもの、そして理論のわからないもの、要するに役員全体が賛成できる技術じゃないと、ゴーサインが出ないんです」

しかも、冒険せず安全策を取って、それで成功しているかというと「実は失敗することが多い」というのだから、何ともナンセンスである。だが、その失敗は自社に限ったことでもなく、ベンチャーキャピタル全体の問題だから、特別に非を問われないのだとか。

その結果、融資する前に失敗したときの言い訳、理由を考えて、融資することになる。つまり

「他社もみんな融資している」「ブームだから」などということで、どこも横並びの融資をする。日本でまともなベンチャーキャピタルが機能しないのも、当然である。

日本の財産とベンチャーの墓標

ベンチャーの定義については「はじめに」でも紹介している通りだが、そうした定義は別にして、取材者の立場からアプローチして取材を通しての印象、実感を言葉にすると、要するに「人」である。

十人十色というが、ベンチャーも同様。いい意味でも悪い意味でも「人」がすべてということになる。ベンチャーを夢見て始めるのも、その技術を利用するのも、結果的にだますのも、儲けるのも人である。

そういう意味では、ベンチャーの周辺から見えてくるものは、今の時代であり、企業社会、経営、組織、ビジネスマン、もちろん技術そして商品そのものの在り方ということになる。

世の中とは面白いもので、本物は流行らないことが多いと言われる。機を見るに敏な人物が、その本物を世間受けする形にアレンジしたときに、一般的にはポピュラーになる。真に価値あるものは、価値があるゆえに扱いが難しく、往々にして時や演出、ステージなど、持っていき方をまちがえると、宝の持ち腐れになりやすい。多くのベンチャーが苦労する点である。

同時に、ベンチャーが、常にぶち当たるのが本質的な人の問題、人間性である。自己愛を第一にする人間と利潤追求を至上命令とする私企業が、意外なところで障壁となる。

一つの典型的なパターンが、例えばクルマの性能がアップし、燃費が向上する排ガス低減装置を開発したベンチャーA社のケースであろう。

「つけただけで、環境に優しく資源の節約になる」というのをセールスポイントに、A社が全国に支社を持つ運送会社B社の地方支社に売り込みに行き、試しにつけてもらったところ、燃料コストが大幅に改善された他、トラックの故障が減って、トラックの持ちが良くなるなど、いいことずくめとなった。

反応の良さに、A社では「これで売れるぞ」と思ったところ、当の地方支社はB社全体に広めてくれるどころか、自分のところの経費がかからなくなった分、営業成績が上がったため、逆にその装置をB社の他の支社には売らないように圧力をかけてきた。大きな会社では、地方支社同士もライバルというわけである。

そのため、せっかくの技術が思ったように広まらずに、社会全体の環境改善どころか、開発したベンチャーが泣きを見る。それが運送会社に限らず、各分野で似たような展開になる

ベンチャーを取材すると、同様の話ばかりで、日本の財産ともいえる技術が、至るところに埋もれているのを実感する。これもまた、最近言われるところの「日本病」「日本化」の一つであ

ろう。

そして、新しいもの、独創的な技術に出資するのが本来のベンチャーキャピタルのはずだが、実際は逆の役割を演じる。

その中には、創業社長の死によって会社も製品も消滅し、私の「ベンチャー発掘」がその墓標となってしまった「世界でたった一つの技術」もある。

とはいえ、多くの世界No.1ベンチャーは、成功に至らず消えていくベンチャーの分まで頑張っている。時代も確実に変わりつつある。

そこに日本の光があり、希望がある。そして、日本再生・復活の道もあることは「はじめに」でも書いた通りである。その意味でも、本書で取り上げたベンチャー企業群をぜひ注目して見ていてほしいものである。

あとがき

本書はビジネス情報誌『エルネオス』の連載「早川和宏のベンチャー発掘」で紹介した十二社を取り上げたものです。重複する部分を削除した他、今、読んで不適切な部分に手を加えた以外は、基本的に当時の原稿をそのまま生かす形にしています。

そのため、今回、一冊にまとめるに当たって、あらためて連絡して、その後の経緯、最近の状況などを聞いて、各章の末尾につけ加えてあります。

一九九九年八月に始まった連載は、すでに十年以上続いて、本書にも登場している「ピエラレジェンヌ」編で、一四六回になりました。一社を前後二回に分けて紹介しているため、企業数にすると七十三社に上ります。

今回はそのうちの十二社をピックアップしたわけですが、逆に割愛したベンチャーも同様に、世界No.1ベンチャーとして、いずれ本にできればと考えています。テーマは「夢の続き編」「光と影編」「苦闘編」「我が道を行く編」など、多彩なベンチャーの在り方を通して、人として生きる姿の他、ビジネスを考える上でのヒント、教訓、反省点などが、多々あります。

『エルネオス』は会員制の定期講読誌のため、大手書店は別にして一般書店には置いていないため、残念ながら知らない読者も少なくないと思います。

機会があれば、ぜひ手に取ってほしいと思うのですが、編集方針は確固たるものがあって、業界での位置づけは、月刊の「クオリティマガジン」というものです。

その最大の特徴は、多くの雑誌とは異なり、掲載広告主が一部上場クラスの一流企業のみということです。急成長企業がお金ができたからといって、広告を載せられるわけではありません。

そんな中で、例外的に異色の企業が登場するのが、私の連載「ベンチャー発掘」です。いずれも、縁あって紹介してきたもので、そのベンチャーの本質を見抜いて、私なりの理想型を描き出したつもりです。

これまでも「ベンチャー発掘」で紹介した企業について、その後一冊の本にしたケースは何社かありますが、十数社がまとめて一冊の本になるというのは、実に特別の感慨があります。

ぜひとも多くの人に読んでもらって、日本にも世界に誇るべき世界No.1ベンチャーがあることを知ってもらえることを願っています。

最後に、連載でお世話になった『エルネオス』の市村直幸編集長、担当の鈴木裕也氏その他、エルネオス出版社のみなさんに感謝いたします。

取材に応じてもらった各社のみなさんにも、心より感謝を捧げます。

また、急な出版を長年の信頼関係から受け入れてくれた三和書籍の高橋考社長、下村幸一編集長にお世話になりました。あわせて感謝いたします。ありがとうございました。

二〇一一年九月

著者

初出一覧

第一話　『エルネオス』二〇一一年八月～九月号
第二話　『エルネオス』二〇〇九年四月～五月号
第三話　『エルネオス』二〇〇八年四月～五月号
第四話　『エルネオス』二〇一一年四月～五月号
第五話　『エルネオス』二〇一一年二月～三月号
第六話　『エルネオス』二〇〇九年十二月～二〇一〇年一月号
第七話　『エルネオス』二〇一〇年六月～七月号
第八話　『エルネオス』二〇一〇年八月～九月号
第九話　『エルネオス』二〇〇九年八月～九月号
第十話　『エルネオス』二〇〇五年八月～九月号
第十一話　『エルネオス』二〇一〇年二月～三月号
第十二話　『エルネオス』二〇一一年六月～七月号

【著者】

早川　和宏（はやかわ　かずひろ）

1948年生まれ。

立教大学経済学部にてマルクスの哲学および弁護法・マックスウェーバーの社会学を学ぶ。卒業後、社会派ジャーナリストとして活躍。心の変革、社会の変革を目標に掲げ、幅広いテーマに取り組んでいる。ひとりシンクタンク「2010」代表。

主要著書として『魔法の経営』（三和書籍）、『会社の品格は渋沢栄一から学んだ』（出版文化社）など。訳書として、ミナ・ドビック著『ミラクル』（洋泉社）。

日本発！　世界No.1ベンチャー

――この国を元気にする起業家精神――

2011年　10月　21日　　第1版第1刷発行

著者　早川和宏

発行者　高橋　考
発行所　三和書籍

〒112-0013　東京都文京区音羽2-2-2
TEL 03-5395-4630　FAX 03-5395-4632
sanwa@sanwa-co.com
http://www.sanwa-co.com

印刷所／製本　日本ハイコム株式会社

ISBN978-4-86251-117-1 C0034

三和書籍の好評図書

Sanwa co.,Ltd.

社会起業家のための
NPO・新公益法人 Q&A
——仕組みの違いから優遇税制まで——

税理士・中小企業診断士　脇坂誠也　著
A5 判　　247 頁　並製　定価 2,800 円+税

●社会の役に立ちたい——。そんな「社会起業家」をめざす人のための案内書です。NPO、新公益法人、株式会社。3つの法人形態の特徴・メリットがよくわかる一冊。

【目次】
第 1 章　NPO 法人と新公益法人の概略
第 2 章　NPO 法人と一般社団・財団法人（組織・運営面）
第 3 章　NPO 法人と一般社団・財団法人（税制面）
第 4 章　株式会社と非営利法人
第 5 章　法人の選択
第 6 章　税制優遇とは？
第 7 章　認定 NPO 法人制度
第 8 章　公益社団・財団法人制度
第 9 章　認定 NPO 法人と公益社団・財団法人の選択

認定 NPO 法人申請書類
公益認定申請書類

いいもの　いい人　いい暮らし
思うは招く——未来をつくる社長の言葉

桜井道子　著
四六判　241 頁　並製　定価 1,600 円+税

●桜井道子が 27 人の経営者に直撃インタビュー！「感動」をローマ字で書くと「CAN DO」！　だから実現できるんです！「夢実現」のための経営指南書です。

「27 人のインタビュー記事についてはさまざまな見方と感じ方があろう。しかしながら私は、本書をあえて「経営者人生論」として読ませていただいた。企業経営という流転極まりない舞台で、自分と従業員、その家族の一生を背負ったひとりの人間の誇りと悩みに、共感と感動を覚えつつ、このまえがきを書いた」（秦野眞氏の「まえがき」より）

三和書籍の好評図書

Sanwa co.,Ltd.

ついに可能になった！　オープンソースEPRで基幹システム

Compiere《コンピエール》入門

（株）アルマス代表取締役　ジリムト　他著

B5判変形　288頁　並製　定価2,500円＋税

●Compiereは、オープンソースのERP（Enterprise Resource Planning：企業の基幹業務のビジネスプロセスを統合した）ソフトです。Compiereは世界中で広く使われているソフトで、日本でのサポート体制もでき、日本語のマニュアルやスタータキットも提供されています。本書は、今後かなりの普及が見込まれるCompiere初の日本語による入門書です。

【目次】

第1章	Compiereとは	第6章	販売管理
第2章	いろいろなCompiereの利用方法	第7章	在庫管理
第3章	Compiereの全体像	第8章	経理業務
第4章	Compiereの基本的な概念	第9章	会計・実績分析
第5章	仕入購買管理	第10章	取引先管理

知的資産経営の法律知識

—知的財産法の実務と考え方—

弁護士・弁理士／影山光太郎著

A5判　並製　300頁　2,800円＋税

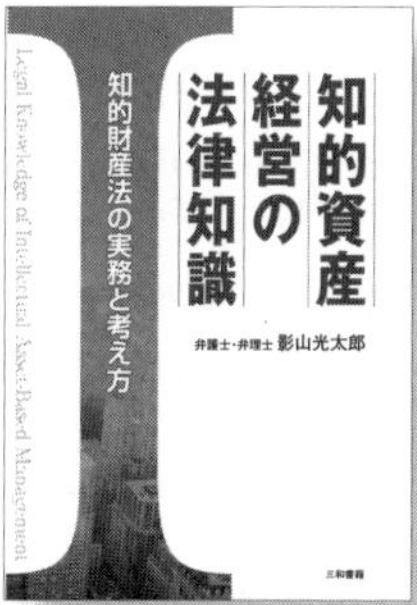

●本書は、「知的資産経営」に関する法律知識をまとめた解説書です。「知的資産経営」とは、人材、技術、組織力、顧客とのネットワーク、ブランドなどの目に見えない資産（知的資産）を明確に認識し、それを活用して収益につなげる経営を言います。本書では、特許権を中心とした知的財産権を経営戦略に利用し多大の効果が得られるよう、実践的な考え方や方法・ノウハウを豊富に紹介しています。

【目次】

第1章	知的財産権の種類	第8章	著作権の概要
第2章	知的財産権の要件	第9章	不正競争防止法
第3章	知的財産権の取得手続	第10章	その他の知的財産権
第4章	知的財産権の利用	第11章	産業財産権の管理と技術に関する戦略
第5章	知的財産法と独占禁止法	第12章	知的財産権を利用した経営戦略
第6章	知的財産権の侵害	第13章	知的財産権の紛争と裁判所、b弁護士、弁理士
第7章	商標権及び意匠権の機能と利用	第14章	知的財産権に関する国際的動向

三和書籍の好評図書

Sanwa co.,Ltd.

財務オンチ社長が会社を倒産させる

税理士　増田正二　著

四六判　230頁　並製　定価1,700円＋税

●財務を把握するキモとは？

「未来会計図」「キャッシュフロー計算書」「資金別貸借対照表」。この３つであなたの会社を安定させる！

中小企業が倒産する原因は、社長の財務知識の不足にあるケースが圧倒的です。最近のように、ほとんどの業種で単価が下がり利幅が少ない時代では、財務管理をしっかりやらないと、いつ資金繰りがつかずに倒産に追い込まれるかわかりません。本書では、社長の財務知識習得のキモをわかりやすく解説しています。

【目次】

第１章　今のあなたは…伸展派、現状維持派、衰退派、それとも退場派ですか
第２章　ダメ社長は財務を悪化させる
第３章　儲けの仕組みがわからず儲かるわけがない
第４章　資金の仕組みがわからず会社をやっていけるわけがない
第５章　財務の仕組みがわからなければいずれ倒産する

ひとり2000万円稼ぐ会計事務所の作り方

税理士法人コスモス代表社員　鈴木成美　著

四六判　199頁　上製　定価1,500円＋税

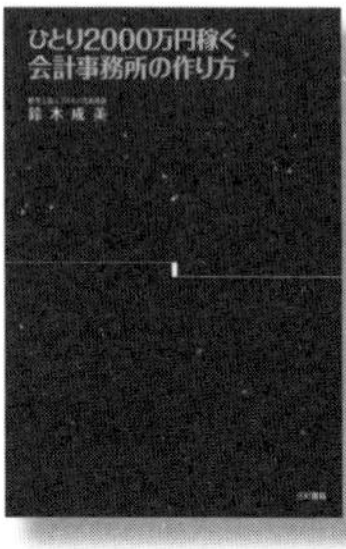

●人が未来を切り開く。人があっての会計事務所。人を育てる仕組みを創る。人が活きる職場に変える。

ひとり当たり 2500 万円以上という驚異的な生産性を実現している税理士法人コスモス。そのトップ自らが、生産性を高める各種ノウハウを惜しみなく公開。会計事務所の生産性向上の鍵は組織づくりにある。人が育つ組織を創れば事務所は２年で生まれ変わる。事務所経営に悩む所長税理士はもちろん、中小企業経営者にとって必読書である。

【目次】

第１章　会計事務所の生産性について考える
第２章　職員に意識改革を促す意味
第３章　意識改革の進め方
第４章　意識改革の実践例